德国商业200年

陈润　王健平　著

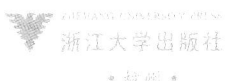

浙江大学出版社
·杭州·

图书在版编目（CIP）数据

德国商业200年 / 陈润，王健平著. -- 杭州：浙江大学出版社，2025.3. -- ISBN 978-7-308-25761-9

Ⅰ．F735.169

中国国家版本馆CIP数据核字第2024QS7297号

德国商业200年

陈　润　王健平　著

策　　划	杭州蓝狮子文化创意股份有限公司
责任编辑	黄兆宁
责任校对	朱卓娜
封面设计	袁　园
出版发行	浙江大学出版社
	（杭州市天目山路148号　邮政编码310007）
	（网址：http://www.zjupress.com）
排　　版	杭州林智广告有限公司
印　　刷	杭州钱江彩色印务有限公司
开　　本	880mm×1230mm　1/32
印　　张	8.375
字　　数	195千
版 印 次	2025年3月第1版　2025年3月第1次印刷
书　　号	ISBN 978-7-308-25761-9
定　　价	68.00元

版权所有　侵权必究　印装差错　负责调换

浙江大学出版社市场运营中心联系方式：0571-88925591；http://zjdxcbs.tmall.com

> 总序

真正的以史为鉴，是为了超越历史

世界之变、时代之变、历史之变相互交织形成的百年变局，正在以前所未有的方式和速度展开。世界经济复苏举步维艰，全球发展遭遇严重挫折，各种安全问题层出不穷，局部冲突动荡此起彼伏。世界又一次站在历史的十字路口：和平还是战争？发展还是衰退？开放还是封闭？是合作还是对抗？

20世纪90年代初，冷战结束，全球化不断推进。自从加入世界贸易组织之后，中国经济飞速发展，中国成为全球化的受益者，更是贡献者。在过去30多年的时间内，全球局势的不确定性越来越强，国与国之间的相互对抗越来越严重，科技竞争越来越激烈，这种国际脱钩、断供断链、倒退下滑的逆全球化进程成为常态，并将长期存在。在这种情况下，企业应该如何制定生存和发展策略？个人应该如何平衡工作与生活？这是亟待回答的现实问题。

美国作家马克·吐温（Mark Twain）说，历史不会简单重复，但总在押韵。其实，在人类发展的漫长进程中，商业文明始终在障碍丛生、贸易困难、危机频发、混乱动荡的坎坷曲折中缓慢推进。到了16世纪，随着科学技术蓬勃发展，国与国之间的距离被拉近，不同国家的商业文化开始碰撞、交融，经济开始飞速发展，经济强国在世界舞台上扮演的角色如走马灯似的变幻。当然，有些规律永恒不变，不会随人类的意志转移而更迭，比如在历史长河中所沉淀的人类精神财富——企业家精神、契约精神、信用体系、创新观念、商业逻辑、管理思想等，从长远来看，绝不会被人类所背弃。

由商业、财富、生活融合交织的大历史看似随意偶然，发展逻辑却严密细致。"世界是部商业史"系列丛书所研究的对象几乎全部都是世界500强企业，本丛书相当多的篇幅被用于记录企业的发展轨迹与企业家的成长过程。他们是商业史的主角，也是改变世界的重要力量。在阅读的过程中，读者会发现，现在及将来的全球产业格局和经济趋势，在过去的市场博弈与利益分割中早已形成。

不过，真正的以史为鉴，不是为了写历史而写历史，而是要超越历史。本丛书旨在以叙述人物、故事为途径，回到历史现场，探寻商业规律、经济趋势，立足当下、回望历史、启迪未来。我们将围绕以下四个问题，给读者一些启发与思考。

第一，中国成为全球第一大经济体已进入倒计时阶段，为什么中国能成为世界第一大经济体？中国的"全球第一"能持续多久？从英国、法国、德国、美国、日本、韩国等国家崛起的历史中可以得出结论：国家的较量关键在于企业，企业的较量关键在于企业家。"大商崛起"与"大国崛起"互为前提，彼此促进。商业兴旺才能造就"大国"，开放自由才能孕育"大商"。

第二，面对逆全球化、科技竞争、局部冲突等国际危机，企业家应该如何制定短期计划与长期战略？如何应对不确定的现在、拥抱不确定的未来？过去500年的商业发展史可供借鉴：世界500强企业都是在危机与灾难中成长起来的，不管是在一战、二战等战局动荡时期，还是在金融危机、经济萧条时期，成功企业需要找到不断战胜危机、超越自我的逆势增长之路，善于把握危机中的机会。

第三，如何看待企业家的时代责任与历史价值？如何看待政商关系？全球商业史也是一部政商博弈史，繁荣昌盛是政府与商人博弈形成的难得的双赢局面。企业家是推动社会发展、人类进步的主要力量之一，要尊重、关爱企业家。如今，中国的经济地位达到前所未有的高度，民族复兴、大国崛起的呼声一浪高过一浪，我们理应给企业家、创业者更多尊严与荣耀，给予更多包容与鼓励。

第四，如何弘扬企业家精神？如何发挥企业家作用？增强爱国情怀、勇于创新、诚信守法、承担社会责任和拓展国际视野这五条企业家精神，曾被世界级企业家验证过，是对中国企业家的要求和倡议。大力弘扬企业家精神，充分发挥企业家作用，对于持续增强国家经济创新力和竞争力具有重要意义。

"于高山之巅，方见大河奔涌；于群峰之上，更觉长风浩荡。"本丛书就是要以全球优秀企业家、卓越企业为标杆，助力中国企业家、创业者、管理者以史为鉴、开创未来。

全球商业史是一部大公司发展史，也是一部顶级企业家的创业史、成长史。

在波澜壮阔的商业历史变迁中，很多国家都曾站在世界商业舞台中央，发号施令、影响全球，直至被后来者超越。当下，商业世界波云诡谲，国际格局风云变幻，身处乱象之中的我们如何阔步前行？

在本丛书中，我们以国家为分类，以著名企业家与代表性企业为主体，以时间为顺序、以史料为标准，真实记录，熔国别体与编年体于一炉。选取国别的依据是各国 GDP 的全球排行。通过长期研究，我发现国家 GDP 排名与世界 500 强企业排名、全球富豪榜排名等各种榜单的排名次序高度正相关，它们反映了商业潮流、经济趋势、投资方向，真实反映了国家经济实力和产业分布格局。如果延伸到更长远的历史跨度去考量，这就是一张张近代全球商业史最珍贵的底片。

思辨得失、总结规律，这是本丛书的首要意义和价值所在。观察全球大公司的创业史、变革史是研究全球商业史的重要方法之一。在几百年的商业变迁中，美国、英国、德国、法国、韩国一直是光鲜闪亮的主角，与这种局面相呼应的是各国公司的超强实力。

美国 200 余年的财富变迁遵循从农业、工业到服务业的规律，财富增长与经济发展、公司进化的逻辑完全吻合。富豪的财富挡不住时代洪流的冲击和涤荡，老牌大亨终将退出，富过三代的家族都是顺势而为的识时务者，今日若想在农业、工业领域通过辛勤劳作成为美国富豪已十分困难。从安德鲁·卡内基、约翰·洛克菲勒到比尔·盖茨、沃伦·巴菲特、埃隆·马斯克，美国的超级富豪都是大慈善家。从本质上来说，所有的富豪都是财富管理者而非拥有者，只有让财富流动起来，创造更多的财富，财富才具有意义。

在并不算漫长的全球商业史中，英国人长期主宰世界的工业、商业、金融和航运业，他们曾是真正的世界经济霸主。巅峰时期，英国在全球 GDP 中的占比超过 1/3。时至今日，作为国际金融中心的伦敦掌握着全球 30% 的外汇交易，英国拥有世界三大能源公司中的两家，"罗罗公司"（罗尔斯·罗伊斯公司）的航空发动机占据发动机市场的半壁江山，ARM 的芯片统治全球……昔日的"日不落帝国"依然光芒万丈，它所崇尚的冒险、创新精神永不过时。

"德国制造"的华丽蜕变以及德国品牌的全球声誉，并不是在短暂的二三十年中迅速实现的，这是一段以工业立国、品牌强国为核心的漫长而艰难的修炼之路。德国工业制造始终大而不倒、历久弥新,其背后正是德国工业文化和企业家精神的力量。德国提倡埋头苦干、专注踏实的工匠精神,对每件产品都精雕细琢、精益求精,追求完美和极致。德国人穷尽一生潜修技艺,视技术为艺术,既尊重客观规律,又敢于创新、拥抱变革,在自身擅长的领域成为专业精神的代表。

法国的企业家精神,从中国式智慧角度可将其总结为"外圣内王"。换句话说,就是外表优雅、内心霸道。溯本清源,霸道与优雅源自法国人对技艺、品质、创新的不懈追求,源自法国人的严谨务实、精益求精,是法国企业家对商业规律和客户需求的尊重,是国有企业与私人企业在市场竞争中持续创新的产物,也是家族企业日积月累沉淀的硬实力。往更深处说,则是"自由、平等、博爱"的法兰西精神在数百年间形成的商业基因。

韩国资源匮乏,是严重依赖外贸的外向型经济体。同时,国内政权更迭频繁,不确定因素往往成为决定企业生死的隐形炸弹。因此,韩国企业家都有很强的危机意识,随时做好力挽狂澜、东山再起的准备。三星、现代、LG、起亚、乐天等品牌家喻户晓,其决胜全球、基业长青的辉煌成就来之不易。而我们若想从韩国"小国大商"的逻辑中找到发展密码,仍需沉淀与修炼。

本丛书按照国别划分,在内容上各有千秋。商业史如长河浩荡,波涛滚滚向前。它既孕育新的繁荣,也埋葬昔日英豪,兴盛衰亡的故事每日都在上演。我们不仅关注国家与企业的关系,而且更关注企业家的价值。

"说来新鲜,我苦于没有英雄可写,尽管当今之世,英雄是层出不穷,年年有、月月有,报刊上连篇累牍,而后才又发现,他算不得真英雄。"

这是英国伟大诗人拜伦(Byron)在《唐璜》中的感慨。的确如此,因受视野和阅历之限，活跃于商业杂志上的企业家经常被读者奉若神明，却不知在喧嚣与浮华之外的故纸堆中，一群头戴礼帽、身着西装的"熟悉的陌生人"，正穿越几个世纪的烽烟与过往缓缓走来，其自信的笑容中透着不易被察觉的傲慢与威严。他们都是改变世界的商界巨子，是纵横天下的真英雄。

商业不应该是枯燥的规则与固化的面孔，数据和理论不过是速写式的轮廓勾勒，而对人物故事的渲染和描述会让画面更加生动鲜活。我们创作本丛书，就是希望呈现一场波澜壮阔且激荡人心的历史大戏：500年来与全球商业有关的人物和故事先后闪亮登场、各领风骚，读者将在宏大背景和细微故事中洞察人性、体味人心。

战争与危机是这套书贯穿始终的重要线索。有意思的是，几乎每次战争与危机都会引起行业洗牌与产业变革，一大批商界奇才横空出世，伟大的企业从此诞生。事实证明，内外因素的碰撞与融合，有时会让偶然成为必然，让小人物成为大英雄。大商人的精彩创业故事透露出深刻规律，通过对数百年来全球大公司基业长青之道的观察与研究，本丛书总结出全球大企业的发展变迁史，对时代变革、商业趋势和国家实力的沉浮起落作速写呈现。

纵观当今时势，全球商业进步的引擎依旧在美国，美国人始终以科技创新和商业变革掌控全球经济走向和财富命脉。与此同时，在20世纪80年代，有"亚洲四小龙"之称的韩国、新加坡、中国台湾、中国香港的经济腾飞震惊全球；中国以改革开放厚积薄发，与巴西、俄罗斯、印度等新兴经济体一起飞速成长。这时候，大量跨国企业诞生，经济全球化和互联网化打破时间和空间界限，万象更新。

共享与共赢成为新时代的商业主流，跨界融合不断增强，爆炸式增长成为常态。大公司以多元化和国际化做大做强的传统路径被颠覆，新型企业以并购换时间、以扩张换空间，其创业十年的规模和市值动辄超过老牌公司百年积累。行业巨头轰然坍塌的悲剧与日俱增，王者更替的频率越来越快，许多百年企业盛极而衰、亡也忽焉。

温斯顿·丘吉尔说："你能看到多远的过去，就能看到多远的未来。"过去数百年是商业变革步伐和人类财富增长最快的一段历史时期，市场经济的电光石火让商业史五光十色、不可捉摸。在宏大叙事中追寻企业轨迹与商人命运，很难说清究竟是时代造就英雄还是英雄造就时代，时代洪流的巨大冲击与商业环境的瞬息万变使企业显得渺小而脆弱。

"欧元之父"、1999年诺贝尔经济学奖获得者罗伯特·蒙代尔（Robert Mundell）教授认为："从历史上看，企业家至少和政治领袖同样重要。那些伟大的企业家们，曾经让欧洲变得强大、让美国变得强大，如今也正在让中国变得强大，他们是和政治领袖一样重要的人物。"这是历史规律，也是大势所趋，企业家在国家发展历程中扮演着越来越重要的角色，因为他们是改变世界的重要力量。

尽管我们离这个目标路途遥远，但仍应一往无前。于商业史作家而言，商业发展与公司成长轨迹始终纷繁复杂、模糊不清，任何探本溯源的追寻都注定艰辛漫长，且很可能无疾而终。但即便如此，我也愿意埋首于历史的故纸堆里，从曾经的光荣与梦想中囊萤成灯，哪怕只有一丝微光，也能让中小企业坎坷崎岖的道路不再昏暗，让大企业扬帆远航的身影不再孤寒。

全球商业变迁的历程就像一个巨大的试验场，人们干得热火朝天、豪情万丈。在各大国崛起的辉煌之路上，是数以万计创业者夜以继日拼搏奔波的身影，失败是这场伟大试验的正常结果。但正因为有这种喧嚣与宁静、挣扎与沉沦的镜头交替出现，商业史的故事才显得生动鲜活，这种向上、不屈的力量才激荡震撼、摄人心魄。

正是这股催人奋进的力量让我坚定了策划出版本丛书的信念，尽管过程极其艰苦、资料庞杂而凌乱，虽然全球局势一如过去那般动荡不安、瞬息万变，但我依然对未来充满希望。

陈润

> 序言

一个国家品牌的崛起启示录

从制造大国到品牌强国

　　2022年、2023年连续两年,在《财富》世界500强排行榜中,德国分别有28家、30家公司入围,企业数量位居全球第四,仅次于美国、中国和日本。

　　世界500强公司的数量还不足以代表德国经济的真正实力。在德国,中小企业数量占全国企业总数的99%以上,它们大多数属于个人或家族管理的制造企业,对德国经济贡献巨大。它们创造了相当大一部分出口额,还提供了2/3以上人口的就业岗位和55%的经济附加值。

　　德国哥廷根大学经济和社会历史学院院长哈特穆尔·贝格霍夫教授认为,德国中小企业具有六大特点:家族企业、专注及长期战略、情感纽带、代代相传、家长制及非正式性、独立性。此言不虚,实际上,德国许多中小企业即使成为世界500强之后仍然保留这些基因,而且逐渐升华为德国商业文化的共同特质,最终通过"德国制造"的品牌价值传递到全世界每一个角落。

　　全球著名品牌咨询机构英特布兰德每年推出"全球最佳品牌100强"

排行榜。2023年，有9个德国品牌跻身其中，排名由高到低依次是：梅赛德斯-奔驰、宝马、思爱普（SAP）、安联保险、阿迪达斯、奥迪、保时捷、大众、西门子。在这9个品牌中，汽车行业占半壁江山，有5个；其他4个品牌分属不同行业，分别为计算机软件、家电、金融服务、体育服饰等。在过去几年中，以上九大品牌中的大多数一直位居百强榜单之列。

品牌影响力无疑是德国经济增长的重要引擎，促使德国的经济实力始终在全球占据举足轻重的地位。德国还是世界第二大出口国，多年来，其贸易顺差始终位居全球前列。长期以来，德国出口量超过全国产出量的1/3，汽车、机械、化工、电子和光学等产品一直是核心出口产品。而且德国在钢铁、水泥、食品、饮料等行业也是全球规模最大、技术最先进的生产国之一。早在1990年，哈佛商学院教授、"竞争战略之父"迈克尔·波特曾在《国家竞争优势》中写道："在这个世界上没有一个国家（包括日本）能够在如此牢固的国际地位中展示其工业的广度和深度。"

德国地处欧洲中心，地缘优势决定了它在欧洲中部的战略地位。另外，德国拥有全世界最发达的交通网络体系，示范性高速公路、铁路系统举世闻名，港口城市汉堡以及直飞世界各地的航班为欧洲人提供了快速便捷的旅行方式，这些都为德国经济增长作出了贡献。

今天的"德国制造"早已成为高附加值、精益求精的象征，德国产品无论价格高低都具备五大基本特征：精密、务实、安全、可靠、耐用。曾几何时，德国产品是廉价、劣质、低附加值的代名词。与英国、法国等近邻国家相比，德国是欧洲大陆的后发国家，到19世纪30年代才开启工业革命的序幕，比英、法都晚，在工业制造方面只能亦步亦趋。起初，模仿、剽窃甚至伪造商标等违背商业道德的潮流席卷全国，产品还经常被打上"英国制造"的标签以次充好，连政府都鼓励从英国进口机床回国拆解、仿造，来自德国的粗制滥造的低价产品对美、英、法等国的发达市场造成了猛烈冲击。

1876年5月，在美国费城举办的第六届世界博览会上，德国机械工程学家、"机构动力学之父"弗朗茨·勒洛批评德国产品虽价格低廉，但质量粗劣、假冒成风，在德国内外引发震动。11年后，1887年8月23日，英国议会修改《商标法》条款，要求所有从德国进口的商品必须标明"德国制造"，试图以这种带有侮辱性的规定将劣质的德国货与优质的英国货区分开来。"德国制造"在当时全球商业领域的声誉可见一斑。

其实，德国企业界已经觉醒，"占领全球市场靠的是质量而不是廉价"。知耻而后勇，德国企业家抓住国家统一与工业革命的时代机遇，用了不到10年时间，让"德国制造"具备了超越"英国制造"的产品竞争力。1896年，英国罗斯伯里伯爵痛心疾首地呼吁道："德国让我感到恐惧，德国人把所有的一切……做成绝对的完美。我们超过德国了吗？刚好相反，我们落后了。"张伯伦曾经在一份经济报告中梳理出十几种物美价廉的德国商品，其中包括服装、金属制品、玻璃器皿、化工产品等。实际上，德国在钢铁、化工、机械、电气等领域已经涌现出西门子、克虏伯、蒂森、拜耳等一大批全球知名企业。

但是，"德国制造"的华丽蜕变以及德国品牌的全球声誉并不是在这短短几年中迅速实现的。这是一段以工业立国、品牌强国为核心的漫长而艰难的修炼之路。工匠精神是永不磨灭的德意志民族文化。

德国企业发展五大阶段：以制造为核心

德国商业史浩荡200余年，从发展脉络和关键节点来判断，大致可以分为五个阶段。

第一阶段，从1815年到1873年，破土萌芽。

1815年，拥有39个主权邦国的松散组织德意志联邦成立。1834年，德意志关税同盟创建，除奥地利之外的成员国企业家可以在共同市场上从事经营活动。作为盟主，普鲁士将铁路建设作为德意志工业化的重要拉动力，推动机械制造、煤矿开采、钢铁工业、电气、金融等领域蓬勃发展，使运输成本下降到半个世纪前的1/4。1826年，14岁的阿尔弗雷德·克虏伯子承父业，镇定自若地管理家族铸钢厂的生意；1847年，维尔纳·冯·西门子与机械师约翰·乔治·哈尔斯克创办西门子－哈尔斯克电报机制造厂；1866年，维尔纳·西门子发明直流发电机。这些企业开创了德国现代商业史的先河，在此后几十乃至百余年中影响着德国商业发展的潮流。

第二阶段，从1874年到1905年，飞速跨越。

统一的德意志帝国直到1871年才建立，此前欧洲中部讲德语的大片地区长期处于一盘散沙的状态，以致沦为列强的玩物。德国诗人席勒曾悲悯地仰天叩问："德意志，你在哪里？我找不到那个地方。"自西门子发明了人类第一台直流发电机之后，德国逐步以"电气时代"取代"蒸汽时代"，率先引领第二次工业革命。1876年，自从德国人奥托制造出第一台以煤气为燃料的四冲程内燃机，这种发明便被迅速用于汽车、飞机的研发。内燃机的发明和使用成为德国工业超越欧洲列强的第二大引擎。在工业飞速发展的19世纪70年代，日后震惊世界的化工巨头拜耳、巴斯夫和爱克发异军突起，奔驰、迈巴赫、奥迪、欧宝等汽车品牌新秀上演速度与激情，西门子称雄欧美，德国商业的繁荣程度和经济发展速度令人称奇。经过短短30余年的发展，到第一次世界大战之前，德国人口增长到6500万，煤炭和钢铁产量均为欧洲第一，化工产品总产量跃居世界第一，经济总量排名世界第二，仅次于美国。

第三阶段，从1906年到1945年，战火创伤。

英国经济学家凯恩斯说："德意志帝国与其说是建立在铁与血之上，不如说是建立在煤与铁之上更真实些。"德国曾先后两次挑起世界大战，企业家都伴随战争结局经受荣损盛衰的悲喜，京特、克虏伯、戴姆勒－奔驰、容克斯、卡尔·瓦尔特、保时捷等都在战时遭遇冰火两重天的考验，霍希、奥迪、小奇迹（DKW）和漫游者四大汽车公司则因为战争赔款和经济危机的双重打击而选择合并,奥迪四环由此诞生。尽管德国每次在战后都能快速复兴,但希特勒纳粹政府对德国教育体系的彻底摧毁无法修复。此前德国人几乎包揽诺贝尔物理学奖和化学奖,彼时却有20名诺贝尔奖得主在迫害的阴影笼罩中远走国外。1939年,德国学生的数量降到1900年的水平,创新体系几乎崩溃。

第四阶段,从1946年到1999年,重建复苏。

二战后,德国被分裂为东德、西德,后者延续德国商业衣钵。有学者评价,传媒帝国贝塔斯曼集团的重建过程相当于一部战后德国历史。其实,具有同样隐喻意义的还有保时捷、宝马、奥迪、大众、蒂森、京特等公司的复兴之路。从20世纪50年代开始,西德的工业生产增长率达到25%,10年后有所放缓,然后又快速增长。到20世纪60年代之后,以麦德龙、阿尔迪为代表的零售巨头悄然崛起,还有阿迪达斯、彪马两大兄弟品牌龙争虎斗,戴希曼鞋店风靡全球。随着1955年之后许多全球尖端技术逐渐减少对德国的限制政策,德国以"购买"的方式实现创新,在化工、生物技术、电子信息等高新技术领域从美国、日本等企业手中购买技术,完成对发达国家的赶超。

在柏林墙倒塌、东德与西德统一之时,德国已成为欧洲最大的出口国,并且超越日本,几乎与美国相当。到20世纪末期,德国已重回全球经济大国之列。此时,奔驰、宝马、奥迪等任何一台德系车的价格都是全球同类产品价格的5到10倍,汽车已成为德国制造高附加值的代名词;博世也受益于此,成为全球领先的汽车服务商;拜耳、巴斯夫和赫希斯特以及汉高等化工企业在全球开疆拓土。由联邦邮局分拆而成的德国邮政、德国电信和德国邮政储蓄银行三大企业中,德国邮政是全国第二大上市公司,德国电信已跻身世界500强。途易集团与汉莎航空作为德国旅游航空业的代表,在全球享有盛誉。安联保险、慕尼黑再保险、德国商业银行、德意志银行已成为全球性的金融保险业巨头。

第五阶段,从2000年到2024年,全球化与工业4.0。

2005年，德国首次超过法国成为全球第三大服务业出口国，其中金融和保险行业发展最快。思爱普、西门子、菲尼克斯电气等企业既是德国工业4.0时代的领导者，也是全球进入自动化、智能化、无人化制造时代的开拓者。尤其是2008年全球金融危机之后，欧洲经济萎靡不振，唯独德国一枝独秀，位居七大工业强国之首，这种经济转型的奇迹与德国的工业基础和制造能力密不可分。

回望1815年到2024年这200余年德国商业史，五大阶段基本上都与工业制造密切相关，无论战争、经济危机、商业潮流、科技革命等外部因素如何影响，德国工业制造的基石始终大而不倒，稳固坚实。显然，这背后正是德国工业文化以及企业家精神的力量。

企业家精神的力量

在过去200余年的时间里，德国都在战争、政权更迭、国体转变、版图变动的动荡中度过。这样的动荡既给邻国和世界带来灾难，也给自身以沉重创伤。这一时期，德国共有六次政治体制变化，两次对外侵略战争，两次有争议的统一。企业家群体作为精英阶层深受影响，他们在磨炼中变得从容成熟、严谨务实，既有全球格局，也有历史使命。

德国的世界级公司都有危机和竞争意识，甚至已将其演变为企业文化，比如奥迪的"竞争是从来不睡觉的"，西门子的"过去总是开头，挑战在后头"，宝马的"只有每一个人都知道自己的任务，才能目标一致"。这样的企业文化加上根深蒂固的工程师文化让德国人视品质如生命。德国几大汽车公司每家的各类质量管理人员就有1.6万人；奔驰每天要从生产线上抽检两辆汽车，对1300个点进行全面检测，对所有协作厂商的零部件也要质检。

日本著名作家渡边淳一的《钝感力》在2007年畅销全球，这本书主要讲述"迟钝的力量"，告诉人们"从容面对生活中的挫折和伤痛，坚定地朝着自己的方向前进"，并将"钝感力"定义为"赢得美好生活的手段和智慧"。德国企业家身上便充满"钝感力",其行事风格与中国的"慢工出细活"如出一辙。"慢"是一种精益方式,是一种品质追求。速度、效率、规模等并非企业的价值导向,品质才是生命,是企业竞争力和利润率的保证。

总体而言,"德国制造"和德国企业家身上有七大共同文化特征:标准主义、精准主义、完美主义、守序主义、专注主义、实用主义和信用主义。博大精深的德国文化使德国企业尊重规律,各方面追求精益求精,能以长远眼光专注于最初的经营目标,即便在最艰难的关头也不放弃。

对于大多数德国企业家来说,高品质的产品和服务比投机行为创造的财富更有价值,更加充满幸福感,他们不会只看重短期收益,而是着眼于品牌的长期发展。德国企业大多从创业者的家乡、社区周边起家,他们利用一切可创造价值的资源,靠自筹资金缓慢发展,即使自己的产品已发展成为世界级品牌,也依然保持谦虚低调、严谨务实的格调。德国社会学家马克斯·韦伯说过:"当追求财富与道德自律同步发展时,才能达到现代企业家的最高境界。"

正如菲立普·克劳契维茨在著作《巨人再起:德国企业的兴盛之道》中所写:"享有良好信誉的德国产品无处不在。作为消费者,德国人对需求提出了最高标准;作为制造商,他们自己组织生产,开设公司来满足这种高标准的需求。"他还总结说,德国企业的快速崛起应归功于企业家的优良传统,如务实、乐观、努力、审慎和强烈的社会责任感,以及由此衍生出的相关制度与管理风格。

德国人的优秀品格源于职业教育和文化传承。早在 14 世纪,德国就出现了学徒制,同时,各种各样的行业协会涌现出来,为青少年提供专业的技能培养。大约有 70% 的青少年中学毕业后会接受两年到三年半的双轨制职业教育,每周有三四天在企业接受实践教育,一两天在职业学校进行理论学习。如今在德国,提供培训的职业有 350 多种。而且,德国技术工人的平均薪资远高于欧美发达国家，与白领阶层相当。学徒制和职业培训体系不仅为德国工业强国战略提供大量技术人才，更重要的是将遵守秩序、追求效率、重视品质、艰苦奋斗等文化传承后世。德国众多的知名公司，都展现了创新、高效、品质、勤奋等企业价值观。

遵守纪律并不意味着缺乏创新精神。国家创新体系理论强调人与人之间的技术和信息交流，而企业和制度是创新过程的关键，其中以"企业、大学和政府研究机构"为核心要素。另外，德国还有几百个新奇、专门的商品交易会和贸易展览会，为优质产品提供交易平台。这些元素和德国的文化、体育、艺术、音乐、建筑以及饮食、节日、时尚等碰撞交融，共同形成整个国家对外展示的创新形象，它蕴含在产品、品牌、企业、企业家精神的价值观之中。

前些年互联网思维在中国成为一门"显学"，互联网行业的浮躁氛围向制造业等传统行业迅速蔓延。然而，在德国却很少听说互联网思维这个词，德国甚至没有世界级的互联网公司。可是，当德国人抛出"工业4.0"之后，却在全球迅速掀起了新一轮科技革命的热潮。

德国继续引领时代变革浪潮的优势在于强大的工业体系和制造实力，内在基因则是工匠精神——工匠对每件产品都精雕细琢、精益求精，追求完美和极致，努力把品质从99%提高到99.99%。他们穷尽一生潜修技艺，视技术为艺术，既尊重客观规律又敢于创新、拥抱变革，在擅长的领域成为专业精神的代表。即便粉丝经济、互联网思维等新话题席卷而来，他们也依然提倡埋头苦干、专注踏实的工匠精神，而这才是互联网时代最珍贵的品质。

回归即出发，在德国商业史中汲取商业文明和工匠精神的力量，我们将走得更远。

目录

第1章
小作坊时代（1815—1855） / 1

李斯特统一德意志经济 / 3

蔡司：捕捉世界的光 / 6

克虏伯从铸钢作坊起步 / 11

西门子以电报机起家 / 16

第2章
染出新天地（1856—1873） / 21

从蛮荒到秩序：染料工业与专利制度 / 23

李比希：是宗师，也是商人 / 26

拜耳的自主研发之路 / 31

巴斯夫引领靛蓝风潮 / 35

第3章
民生新实业（1874—1883） / 41

菲利普·霍尔兹曼：描摹城市建筑群 / 43

林德将冰箱带入千家万户 / 47

菲利普·罗森塔尔的瓷器生意 / 51

卡尔施塔特引领消费时尚 / 55

第4章
巨头崛起（1884—1905） / 61

蒂森的钢铁力量 / 63

戴姆勒锻造"汽车之心" / 67

欧宝为平民造车 / 71

博世用电点燃发动机 / 75

奔驰与"现代汽车之父" / 79

第5章
品牌群星闪耀时（1906—1920） / 83

奥迪创业维艰 / 85

雅各布斯：德国最受欢迎的咖啡 / 88

汉高用洗衣粉焕新每个家庭 / 92

戴希曼：德国鞋王的品牌密码 / 96

第6章
复苏的隐忧（1921—1938） / 101

钢铁巨头转身 / 103

迈巴赫：奢华与高贵的代名词 / 107

"保时捷之父"的新创造 / 110

四环联盟的诞生 / 115

容克斯："闪电战"的空中利器 / 119

第7章
战争之王（1939—1945） / 123

军工帝国克虏伯 / 125

法本：纳粹孕育的化工巨兽 / 129

京特：第三帝国的军火库 / 134

枪王之王瓦尔特 / 138

第8章
涅槃重生（1946—1963） / 143

贝塔斯曼点书成金 / 145

保时捷的速度与激情 / 149

"甲壳虫"跑出"永恒的经典" / 153

宝马的狭路与坦途 / 156

第9章
中小型企业制造大市场（1964—1972） / 163

奥乐齐：传统零售颠覆者 / 165

麦德龙开辟仓储超市模式 / 169

阿迪达斯吹响多元化冲锋号 / 172

SAP：新技术，新模式 / 177

第10章
竞争新格局（1973—1999） / 183

德国邮政的重组与新生 / 185

德国电信：从垄断到自由竞争 / 190

宝马背后的匡特家族 / 193

途易以收购赢得未来 / 197

第11章
金融创新（2000—2009） / 203

德意志银行的改革旗手 / 205

服务中小企业的金融逻辑 / 209

安联保险的百年传奇 / 213

慕尼黑再保险的复活之路 / 217

第12章
新工业革命（2010—2024） / 223

博世：工业4.0领军者　/ 225

德国电信：抢占云计算和智能化高地　/ 230

西门子引领智能制造　/ 234

库卡机器人，书写中德情缘　/ 238

致谢 / 243

第1章

小作坊时代（1815—1855）

1648年，经历了旷日持久的"三十年战争"后，《威斯特伐利亚和约》将德国分割成314个大大小小的邦国。虽然它们共同顶着"德意志神圣罗马帝国"的称号，但是由于始终没有建立起中央政权，邦国之间各自为政，互不服从。这种分裂的状态前后维持了数百年，使得德国成为一个模糊的地理概念。此后，德意志都以分散的联邦形式存在，内乱纷争一直都没有间断过。直到1806年，当奥地利与普鲁士两大邦国先后沦陷于拿破仑法军的铁蹄后，德意志民族的民族意识开始觉醒，一致对外成为德意志所有邦国之间的共识。

1814年，法国战败，拿破仑被放逐，德意志人得以迎回和平女神。重新夺回失去的领土后，各邦国统治者决定成立一个由35个国家、4个自由城市组成的德意志联邦，然而，由于政治、宗教等因素的影响，德国真正的统一远未到来。

在经济上，此时的德意志依然以农业经济为主。1815年时，除了萨克森和汉萨等城市，各邦中依然有大约75%的人从事农业和林业生产。直到19世纪30年代初，农林相关领域的投资仍然占据着全德意志社会总投资的2/3；直到50年代开始，随着铁路建设和采矿业的发展，情况才有所变化。

由于农业经济的快速发展，不断提高的粮食产量保证了人口的迅速增长，新增的人口无须再躬耕于土地，而是可以根据意愿与特长进入手工业、工商业。从1831年到1849年的这段时间，德意志从事手工业生产的人数明显迅速增加。到19世纪中期，一家家小作坊、小工场并不均匀地散落在德意志大地上，那貌不惊人的窗户背后，蕴藏着平凡的创业者看似微不足道的梦想，也写下这个国家企业故事的最初笔画。

李斯特统一德意志经济

1833年12月31日深夜的新年钟声敲响后,德意志北部30多个邦、自由市的边界线上,满载货物的马车排成长队络绎不绝。从1834年的第一天开始,德意志关税同盟诞生了。这个同盟将改变无数德国企业的命运,也将改变整个德意志民族的命运,与之紧密相关的名字叫作乔治·弗里德里希·李斯特。他虽然也曾涉足商海,却并非成功的企业家。作为为德意志经济统一而终身奔走的学者,李斯特承担了开启新时代思潮的任务。他用著述唤醒了许多人,让他们意识到工业化对德意志民族的重要性。

乔治·弗里德里希·李斯特出生在德意志南部符腾堡州卢林根镇的一个鞋匠家庭。高中学业完成后,他顺利通过了文官录用考试,成为基层会计监察官。由于工作原因,李斯特每天都会接触到各种各样的商人,时间久了,他对德国的商业状况充满忧虑。作为松散的联邦国家,没有任何德意志人对国家的经济和商业发展做过详细的规划,一切都处于无序的混乱之中。

联邦没有统一的货币,商人们要想在邦国之间顺利地实现货物流通,要做的第一件事就是辨认清楚每个邦国的货币。这是一件看似简单实则艰难的事情,因为联邦境内同时存在太多的货币种类了。

联邦也没有统一的关税。各邦国为了维护自身利益,彼此之间还设立了重重关卡,对过往的商人征收税赋。

混乱的货币制度以及繁重的关税成为阻碍德国经济发展的重

要因素，意识到这些后，李斯特开始寻求解决方法。在成为蒂宾根大学的教授后，李斯特更是意识到，在德意志联邦内实现经济统一迫在眉睫。

他认为，必须在德意志联邦内建立关税同盟，这样可以大幅度削减商贩的赋税，促进商业繁荣。与此同时，李斯特还建议德意志联邦实施保护关税政策，谨防外国工商业对本国经济形成的冲击，即反对自由贸易，实施贸易保护。在他看来，商业的繁荣将大大促进德意志联邦的经济统一，而经济统一又将为德意志联邦实现统一奠定基础。

李斯特的想法很好，但实施难度巨大。德意志联邦的统治者们并不赞同李斯特的想法，他们甚至认为李斯特正在处心积虑地破坏联邦的利益。

李斯特无视巨大的阻力，仍然为建立关税同盟而奔走。作为德意志联邦的第二大邦国，奥地利将李斯特视为"最危险的煽动者"。但李斯特的想法还是打动了普鲁士的国王。当李斯特拖着虚弱的身体叩开普鲁士城邦大门的时候，普鲁士成为第一个在城邦内废除境内关税的邦国。

普鲁士的支持让李斯特信心倍增，为了尽快促使德意志联邦废除境内关税，1819年，李斯特推动德意志商人和制造商成立了联合会。这一行为激怒了德意志联邦的其他封建统治者，联合会遭到各国政府的迫害。作为发起人，李斯特也为此付出了沉重的代价，先是被蒂宾根大学辞退，接着又被政府解除公职。后来，李斯特甚至被冠以"煽动闹事，阴谋颠覆国家政权罪"，被判处10个月的监禁。他不得不远赴美国开始流亡生涯。

在美国，李斯特第一次将经济思想进行了总结。然而著书立说的日子并不是他渴望的,他无时无刻不在牵挂着德意志联邦的命运。1832年,作为美国驻莱比锡、汉堡的领事,李斯特回到德国,积极投入莱比锡至德累斯顿铁路的建设工程中。早在1825年,他就草拟了德意志铁路系统的建造计划。他认为,铁路的全面普及将会成为德意志统一的物质基础,铁路系统和关税同盟就像是一对双胞胎,它们将互相支持,让德意志经济统一而血脉相连。

数年后,李斯特的梦想终于得以实现:

1834年,在普鲁士的主张下,18个邦国联合起来组成了德意志关税同盟。关税同盟成立后,德意志境内关卡林立的局面宣告终结。关税同盟还开始对外统一征税,大大提高了进口税率,而所得的税收收入则按照比例分配给同盟内的邦国。

1839年,莱比锡—德累斯顿铁路建成。6年后,普鲁士铁路网总长度增加到了1106公里。这一年,法国也开始建设具有战略意义的铁路网。在首都柏林,有人将李斯特的理论发扬光大,提议实行全德国统一的铁路战略政策,但这一建议无法成功,因为德意志尚未统一,以统一的度量标准来建立统一的铁路系统无从谈起。尽管如此,德意志土地上的铁路建设速度依然越来越快。从19世纪40年代开始,德意志境内铁路建设的步伐明显加快,铁路股份公司纷纷成立。到1865年,德国铁路营运里程长达14690公里。在30年时间里,德国便建成了四通八达的铁路运输网络,其建设速度雄踞欧洲各国之首。[1]铁路网改变了城市的面貌、消费的方式、人口的流动趋势,德意志绝大多数人口、制造业中

---

[1] 邢来顺. 19世纪德国统一运动的再思考——近代德国统一进程三部曲[J]. 华中师范大学学报. 2005,44(3):87-94.

心和生产中心，都已被铁路网连接。

随着铁路的延伸，德意志境内企业货物的运输成本大大降低，也刺激了钢铁、煤炭和机器制造工业的发展。在此之前，德意志的煤炭资源很少被开发，传统冶金业采用木炭作为燃料。但到1847年时，仅普鲁士的227个熔铁炉就有超过10%以煤炭作为燃料，鲁尔煤田的部分矿井已经开始运用机械采煤。与此同时，德意志的冶金工业开始运用新技术，生铁产量从1823年的4万吨，迅速提高到1850年的21万吨。

随着关税同盟和铁路系统影响力的扩大，德意志经济一体化程度加强，整个联邦进入了大规模工业化阶段。然而，李斯特的个人价值却并未因此引起德意志各邦国的重视，反而是法、俄两国对其发出邀请。拒绝邀请后，李斯特的生活变得更加拮据，他甚至没有办法在德国找到一份稳定的工作，只能依靠稿费维持生计。

1846年，李斯特的儿子意外身亡，这让原本就身体虚弱的李斯特陷入了绝望的境地，他选择结束生命。那一年他只有57岁。尽管他告别了德意志，但德意志万千企业的未来却与其息息相关。

当李斯特的人生之路走到尽头时，30岁的年轻机械师卡尔·蔡司的事业才刚刚起步。这一年，他来到耶拿定居，一场围绕光学的商业竞争将从此开始。

蔡司：捕捉世界的光

在全世界摄影爱好者眼中，"蔡司"是一道独特的光。

作为传承上百年的德国光学厂家，卡尔·蔡司生产全世界屈指可数的高品质透镜，其还原色彩的能力、独树一帜的成像特点，让许多人爱不释手。

蔡司的诞生与兴盛，离不开三个名字：卡尔·蔡司、恩斯特·阿贝和奥托·肖特。

蔡司出生于技师世家。1834年，他刚中学毕业，就到耶拿大学拜入机械师科尔纳博士门下，毕业后蔡司在耶拿城新街7号开了一家机械工场。

创业是艰苦的，蔡司开业后的第一个冬天，生意很差。他每天早餐都只能靠三个小面包填饱肚子，用一小杯烧酒打起精神。在他开店之前，耶拿城已经有两位大学毕业的机械师开设了经营相同业务的工厂，竞争的压力就在眼前。

蔡司的工场生产眼镜、折叠式放大镜、阅读放大镜，还有普通显微镜的小零件。有时候也为耶拿大学研究所、实验室做些修理工作。蔡司思维敏捷，很熟悉大学教授们的需求，会按照他们的想法制作各种管子、螺丝、转轴、弹簧等零件。渐渐地，教授们发现这个年轻人干的活最干净漂亮，交货也总是很准时，蔡司工场的名声很快传了出去，生意逐渐稳定下来。这个时候，生存不再是问题。

解决了生存问题，蔡司开始考虑如何发展。他明确意识到，如果一家企业想要在商业竞争中长期处于优势，必须靠独有的产品来奠定市场地位，那他应该造什么呢？

蔡司果断地决定：制造精密显微镜！

在此之前，德意志地区慕尼黑城的物理学家研发出了望远镜，并提出了制造望远镜的原理、定律和标准，让神话中的"千里眼"

变为现实。科学家终于有了更好的途径去研究浩瀚宇宙，但对于微观世界，人们还是缺乏足够的办法。

1848年，蔡司工场制造出显微镜。5月，蔡司开始在《法兰克福新闻报》上刊登广告介绍新产品，包括简易和15倍率、30倍率、120倍率的显微镜。随着产品声名远播，不少人开始觉察到蔡司的能力和雄心。

随着工场营业额的增加，客户的要求也越来越多。蔡司感到只靠自己已无法完成产品研发、升级、制造的重任。显微镜的关键部位是透镜。在普通工场中，仍然使用师徒口耳相传的手工试凑法来制造透镜。人们选出那些效果较好的试制产品，从中总结经验，使用普通玻璃再次研磨透镜，最后反复检验这些透镜所能形成的图像，根据检验结果来选取成品。大多数情况下，寻找一块合格的显微镜透镜就像中一次彩票。

此时，蔡司迫切需要一位既有扎实理论功底，又有丰富实践经验的技术型人才。但找到这样的人又谈何容易！

随着工场营业额的不断增加，蔡司的财富也日渐增长。到了1857年，蔡司将工场搬到了约翰尼斯广场的大房子里。正是在这里，他迎来了恩斯特·阿贝博士的到访。

阿贝出身于工人家庭，即便他进入耶拿大学担任物理学讲师，也不喜欢高谈阔论的社交圈子，这让他在大学里显得形单影只，也得不到升职加薪的机会。一气之下，他决定出外闯荡，干一番事业。

在蔡司工场里，阿贝找到了想要的感觉。他和蔡司一拍即合，而蔡司又愿意提供他所需要的实验室、设备和资金。阿贝迅速加盟，踏上了研发之路。无数个夜晚，他泡在工场和实验室里，住处也堆满了论文。在咖啡和烟草的浓烈气息里,阿贝俯首耕耘在光学的世界里,一个个研发成果在辛勤汗水的灌注下茁壮成长、瓜熟蒂落:深受自然学家喜爱的标本显微镜、光学工厂专用的光谱计、显微镜专用的照明设备……

在阿贝的努力下,1871年,蔡司工场终于诞生了清晰显微镜系统。第二年8月,蔡司工场为新产品打出了广告,其第一句话征得了阿贝的同意:"以下列出的最新式显微镜系统,全部根据耶拿大学阿贝教授的理论计算和组合完成。"整个显微镜系统的性能参数,包括焦距、放大倍数、孔径角度等,都是前人完全无法达到的高度。

新产品引起了轰动,获得了市场认可。在学校,阿贝也获得了重用,被聘为当地天文台台长,住进了大诗人席勒的故居。

人才难得。如何让阿贝留下来继续奉献聪明才智,蔡司冥思苦想。正巧,1875年,阿贝向蔡司提出用合同来确保自己的权益,以便个人工作和生活得到保障。他提出希望获得工场在光学仪器部分纯利润的三分之一。蔡司拒绝了这个要求,因为他将给阿贝更多回报。

1876年,蔡司邀请阿贝成为工场股东,分享工场所有的收益。阿贝接受蔡司的邀请,成为企业的专职研究员,并能获得公司纯利润的一半。这个惊人的比例也证明了蔡司的慷慨和真诚。

蔡司的慷慨和真诚还体现在他对员工的态度上。1875年开始,蔡司工场创办了医疗基金会,所有员工自觉自愿参加,这成为日后德国企业各类内部福利机制的源头。

虽然蔡司工场有了最先进的显微镜研发生产技术,但生产过程中的关键环节依然困扰着他们,那就是玻璃问题。所有光学师都清楚，想要打造尽善尽美的光学仪器，必须有更精湛的玻璃制造工艺。越好的玻璃，才能解析越多的光线，让图像的清晰度更高。然而，此时的德意志甚至没有一家像样的玻璃工厂。

隔行如隔山，无论是蔡司还是阿贝都不是化学家，更不懂玻璃如何生产。谁能继续推动蔡司品牌的前进？1879年5月，一封陌生的自荐信放在了他们的面前。信是从鲁尔区维滕城寄来的，来信者是奥托·肖特博士。他发现某种特殊玻璃很可能具有卓越的光学特性，希望能在蔡司工场进行实验。

当蔡司和阿贝阅读这封信时，肖特博士正在维滕城老家的地窖里，蹲在炉子前仔细观察不同玻璃熔液的变化，这一景象将会贯穿他的毕生事业。

肖特出生在玻璃工艺世家，自幼喜爱化学。1875年2月，他从耶拿大学博士毕业，他的毕业论文围绕的中心就是玻璃生产的理论和实践。为了谋生，他曾经在西班牙奥维多的化学产品联合会工作，但回国之后就陷入失业。他在家里置办了一个小型实验室用来研究锂玻璃，但却缺少重要的测量仪器。他甚至买不起蔡司公司的显微镜产品，因为其每一台的价格都和一架钢琴相当。为此，肖特鼓起勇气，写下了上面那封信。

1881年1月，阿贝同意了肖特的要求，在席勒故居同他见面。肖特将长期承担化学方面的工作，进行系统的玻璃试验，而阿贝则负责对玻璃样品进行测试并确定其光学性能。从此，玻璃样品、检验报告和书信，在耶拿和维滕两座城市中频繁来往，搭建出蔡司工场的新血脉。这家企业有了明确的分工：蔡司负责整体业务，阿贝负责产品研发，肖特负责原材料试验。这是最好的机械师、物理学家和化学家所组建的团队，是光学仪器行业的"巨星"组合。

1886年9月24日，是蔡司公司制造第1万台显微镜的纪念日。到彼时为止，他们生产的各类光学仪器已被广泛应用，其中将近50%的产品销售到国外市场，25%的产品远销其他大洲。而这一切，还只是蔡司传奇的开端。如今，蔡司的眼镜镜片、望远镜及相机镜头等产品畅销全球，蔡司正在塑造远超光学和光电子行业的未来。

克虏伯从铸钢作坊起步

克虏伯公司，曾经是德国最强大的军工企业；如今其身为全球工业巨头，业务涵盖钢铁、汽车技术、机器制造、工业设计等领域。然而当历史时钟拨回到19世纪初期，克虏伯家族所拥有的只是一家手工作坊而已。

昂德特·克虏伯是这个家族有记载以来的最早先祖。关于他的记载，也只有零星资料。16世纪时，他开始在鲁尔区的埃森市经商，从事的行业可能与金属冶炼有关，但是这个行业并没有让他跻身中产阶级，倒是一场席卷埃森市的瘟疫让他收获颇丰。

从10世纪开始，埃森就是普鲁士境内较大城市之一，这里居住着许多达官显贵。16世纪中晚期的大瘟疫让埃森成为一座死亡之城，官员和商人们为了第一时间逃离这个恐怖之地，以极其低廉的价格向外出售宅院。昂德特·克虏伯认为这是上天赐予他的最好时机，他没有离开埃森，而是不断购置价格低廉的庄园和牧场。由此昂德特挖到了人生中的第一桶金，而商业基因也就此开始在克虏伯家族的血液中流淌。

到 19 世纪初，克虏伯家族的顶梁柱已经是弗里德里希·克虏伯，和其他大多数德意志人一样，他注意到时代的变迁，萌生了新的想法。

德意志联邦虽然还不具备大规模工业生产的条件，但是零星的工业设备已经开始出现，制造工业设备所用的钢铁成为紧俏货。弗里德里希认为钢铁生产很有可能成为普鲁士的朝阳产业，因为邦国要想强大，没有理由不支持钢铁生产的发展，他似乎看到了振兴克虏伯家族的希望。

说干就干，弗里德里希把家中所有积蓄拿出来，又跟亲朋好友筹措了一大笔钱款，便开始着手采购冶炼设备。经过一段时间的筹备，弗里德里希的铸钢作坊于 1811 年在埃森市克虏伯家族的庄园里建成，虽然规模不是很大，但弗里德里希却倾注了极大的心血，他还用自己的名字为这家铸钢作坊命了名，即"弗里德里希·克虏伯铸钢厂"。

弗里德里希原本就是一个不错的冶炼工人，他还有过帮助母亲打理生意的经历，但在铸钢厂投产后，弗里德里希却感到了巨大的压力，现实中的一切与他最初的设想有着巨大的差异。

在弗里德里希看来，旧的冶炼行业已经不再适应时代的发展，未来普鲁士王国必须紧随英国走工业化的道路，这是他兴建铸钢厂的初衷，也是他振兴克虏伯家族的信心所在。可让人遗憾的是，普鲁士国王并不像他这么想。

弗里德里希最终不得不向现实妥协了，像其他的铸钢厂一样，工厂开始制造一些实用的生活用品，然后再长途跋涉将它们卖到别的邦国，靠此赚取微薄的利润。有时，弗里德里希也会接一些大单子，比如战争来临时，铸钢厂会马不停蹄地锻造一些兵器，但是在那样动乱的年景,这样的大单子往往不会给他带来什么实质性的收入。

弗里德里希最终也没能见到克虏伯铸钢厂扭转颓势的那一天,在经历了无数个伤病与压力折磨的日夜之后,弗里德里希永远地离开了人世。他给妻子和儿子阿尔弗雷德·克虏伯留下了一间破败不堪的铸钢厂、五个愁眉不展的熔炼工人和两个毫无精神的铁匠,除此之外还有一些祖产,比如他从老一辈那里继承来的庄园和牧场,事实上这些东西还不如牧场里的那头奶牛和几头猪值钱。

黑暗孕育黎明,绝望孕育希望。

当弗里德里希于 1826 年离开人世时,他的儿子阿尔弗雷德只有 14 岁,还是个什么都不懂的孩子。如果按部就班地将弗里德里希所做的一切继续下去,除非奇迹发生,否则阿尔弗雷德不会比他的父亲过得更好。值得庆幸的是,阿尔弗雷德意识到了这一点,开始积极地追求创新,试图用新产品打开市场。为此,阿尔弗雷德还将铸钢厂里那些不符合生产标准的旧设备统统变卖掉,引进了一批新的生产设备。

在很多外人看来,阿尔弗雷德这个孩子简直是疯掉了,他不仅背负着父亲欠下的巨额债务,现在还把这些债务像滚雪球般的越滚越大,这样下去恐怕谁都帮不了他了。但是阿尔弗雷德却一点都不担心,他坚信会成为比父亲更优秀的经营者。阿尔弗雷德的自信来自他所处的时代。德意志联邦的商业萌芽开始在这块封建冻土中破土而出。仅就这一点来说,阿尔弗雷德比他的父亲幸运得多。

经过 19 世纪初期 30 年的发展,德意志在思想、文化方面开始进入一个相对繁荣的时期,尤其是 1834 年德意志关税同盟的成立，为德意志的经济繁荣打下了一定的基础。与此同时，随着工业革命影响的日益深化，德意志内部的工业发展也开始进入一个崭新的时期。普鲁士因为有大量的煤炭储量，在工业化冶炼方面有着天然优势，所以工业化进程与其他邦国相比也相对快些。

虽然一切都在朝好的方向发展，但这并不意味着阿尔弗雷德可以坐享其成。阿尔弗雷德最先开始对日常用品进行了改良，比如刀叉、汤匙等。以前这些产品需要经过工匠的反复锻造、打磨才能生产出来，成本十分昂贵。阿尔弗雷德摈弃了这种工艺流程，通过不断的尝试和改进后，发明了一种压制机。工人们只需要将材料放入压制机中，这些产品就会被源源不断地生产出来。

先进的技术让克虏伯铸造厂的产能翻了几番，而且货物的销路都不错。关于这一点，阿尔弗雷德应该对李斯特充满感激，因为关税同盟的统一，让克虏伯铸造厂的产品能够轻松地离开普鲁士，进入德意志的各个邦国。如果阿尔弗雷德兴致高昂，他还会让工人们将这些产品送到欧陆诸国兜售，克虏伯铸造厂的业务开始走出国门。

年轻的阿尔弗雷德并没有因为一点小成就而终止脚步，他开始进行更广泛的设计和创新，这让他看上去像一个偏执狂。为了寻找灵感，阿尔弗雷德经常把自己关在一间小黑屋子里，进行各种各样的尝试。失败的实验会给他带来严重的挫败感，这个时候他就索性将自己锁在屋子里不出门，这一点与他父亲弗里德里希倒是十分相似。

阿尔弗雷德还有另外一种寻找灵感的方法，就是找一些刺激性的气味来刺激嗅觉，比如马的粪便。阿尔弗雷德认为浓烈的气味能够帮助自己提神醒脑，在它们的刺激下，阿尔弗雷德也的确迸发出了不少奇思妙想。比如在现代工业中屡见不鲜的钢辊，就是他在闻过马粪便后产生的灵感。

在阿尔弗雷德这种近乎病态的努力下，克虏伯铸造厂获得了前所未有的繁荣，产品供不应求，甚至连普鲁士政府都成为克虏伯铸造厂的客户——造币厂的大多数机械设备就出自克虏伯铸造厂。与此同时，阿尔弗雷德成为最受投资者欢迎的合作对象，很多人主动找上门来希望与这位天才青年合作，除了直接投钱，他们还愿意以任何方式与阿尔弗雷德展开合作，克虏伯铸造厂进入了一个全新的发展阶段。

1836年以前，克虏伯铸造厂在民用商品和工业设备制造领域取得了不俗的成就，但是在武器装备制造领域却毫无建树。对于阿尔弗雷德来说，武器生产似乎并不是什么要紧的事儿，可那些武器掮客们却不这么想，他们和政府都希望阿尔弗雷德能够介入武器生产。

最初，阿尔弗雷德并没有将武器生产当作克虏伯铸造厂的一项重要业务，只是将它当作一个小小的爱好，因此也只是在闲暇时摆弄，以至于发明第一支枪用了他近7年的时间，而且结果无比糟糕。

阿尔弗雷德能接受自己不喜欢武器，但却接受不了自己设计出的产品有瑕疵，于是，他把自己锁在父亲待过的不透一丝光亮的小黑屋里反复试验。这个时候，枪支的生产已经不再是一个小小的爱好了，对于追求完美的阿尔弗雷德来说，它已经成为自己的使命。这也为克虏伯铸造厂最后演变为军工厂埋下了伏笔。

西门子以电报机起家

1806年，拿破仑以法兰西铁锤震撼整个欧洲的时候，有一位名叫克里斯蒂安·斐迪南·西门子的德意志战士为捍卫普鲁士的疆土而浴血沙场。当普鲁士皇帝最终放弃皇位落荒而逃的时候，克里斯蒂安伤心至极。他跑到隶属英国的汉诺威向当地的领主租借了伦特庄园，从此过上了普通的农民生活。后来，他遇到了爱莉诺勒·戴西曼小姐，两个人走到一起，组建了家庭。而维尔纳·冯·西门子正是这个家庭的第三个孩子。

1834年，维尔纳离开了父母和兄弟姐妹，一个人来到普鲁士首都柏林加入了普鲁士的炮兵部队。1835年，作为优秀士兵，维尔纳被推荐进入柏林联合炮兵学院，又一次进入了学堂。在柏林联合炮兵学院，维尔纳如鱼得水。他每天都不知疲倦地奔走在数学、物理、化学的课堂之间，乐此不疲。这段时间的学习为维尔纳日后走上发明道路奠定了坚实的理论基础。

相对于工业革命中取得大发展的欧洲国家来说，19世纪前50年的德国还只能说是一片荒蛮之地。在这里，邦国的君主们并不在乎德意志的未来，他们只会依据个人的喜好来做出抉择，从不顾及国家的长远发展。虽然欧洲各国的商业已经获得了空前的发展，但是这里却依然是一片坚硬的商业冻土。但维尔纳并不在乎环境好坏，他只想埋头努力。他坚信电报事业会有一个光明的前程，为此他不惜舍弃从军12年的军官退休金，毅然决然地离开部队，投入钟爱的电报事业中。

1846年，维尔纳经过孜孜不倦的努力，成功改造了查尔斯·惠特斯通发明的五针式电报机。他在发报机和收报机之间安装了一个独立的同步旋转器，彻底解决了用电传输信息的问题。维尔纳把这项发明的制造权转让给了机械师约翰·乔治·哈尔斯克。当时，哈尔斯克和别人合伙开了一家精密机械公司。

维尔纳不仅是伟大的发明家，还是卓越的企业家。在转让指针式电报机的过程中，维尔纳不仅让哈尔斯克对他的发明产生了浓厚兴趣，还通过对市场预期的详细分析，成功说服哈尔斯克放弃现有的精密机械公司，转而与自己合伙开新的公司。1847年10月，西门子-哈尔斯克公司在柏林成立，又一个影响德国百年商业史的企业诞生了。

此时的西门子-哈尔斯克还只是一个只有3名雇员的小公司，唯一可炫耀的资本就是维尔纳·冯·西门子发明的指针式电报机。幸运的是，维尔纳担任了普鲁士电报委员会的顾问，他从很早就开始与普鲁士电报委员会、安哈尔特州的铁路部门以及俄国驻柏林公使卡尔·冯·吕德斯搞好关系，因此，公司在发展初期并不缺少订单，这让公司渡过了创业初期最艰难的阶段。

1848年欧洲革命结束后，西门子公司获得了建设从柏林到法兰克福长达500公里电报线路的订单，他们赶在普鲁士国王弗里德里希·威廉四世被选为皇位继承人之前将线路铺设完毕。1849年3月28日，这一天不仅是威廉四世值得庆祝的一天，对维尔纳来说同样具有重要意义，因为通过他的指针式电报机，仅用一个小时就把选举结果从法兰克福的保罗教堂传到了柏林，这一突出成绩为西门子-哈尔斯克公司赢得了荣誉。

威廉四世是一个非常矛盾的人，内心既浪漫又保守。迫于

1848年革命的压力，惊慌失措的威廉假意组成自由主义政府，草拟宪法。当地位稳固后，威廉四世立即解散了议会。1849年3月，当法兰克福国民议会（1848—1849年德国革命期间的全德制宪国民议会的别称）选出威廉四世为德意志皇帝时，却被威廉四世拒绝，因为他不接受献上的皇冠。

政治上如此矛盾的威廉四世，却坚定支持电报机的公开使用。这标志着德国电报业飞速发展的时代终于到来，西门子-哈尔斯克公司迎来发展的黄金期。为全身心投入这项前无古人的事业，西门子正式从部队退役。除了电报业务，西门子-哈尔克斯公司还从事电力应用、电子医疗试验和治疗仪器的开发等业务，发明了用古塔橡胶对电缆进行无缝绝缘的压制机及用电的铁路响铃。

好景不长，1849年夏，当西门子-哈尔斯克公司在普鲁士的莱茵州铺设线路时，因地下导线绝缘问题，电报线路网出现了故障。1851年，由于电报线路多次出现故障，普鲁士电报管理局局长诺特博姆拒绝西门子-哈尔斯克公司的改进建议，导致西门子-哈尔斯克公司与政府的业务关系终止，这对一直靠政府订单维持运转的西门子-哈尔斯克公司来说无疑是毁灭性的打击。失去普鲁士这个大客户，西门子-哈尔斯克公司面临生死存亡的关头。显然，德国市场已经没有发展空间，西门子-哈尔斯克公司只有走出国门，才有活下去的机会。相对落后的沙俄成为他们的首个目标。

19世纪50年代，俄国仍然是沙皇统治下的君主专制国家，基础设施建设十分落后，经济和科技水平远远落后于英、法、德等国家。而俄国始终抱有确立欧洲强国地位的愿望，无论从政治、经济、军事哪个角度，改善通信线路都是当务之急，而且沙皇尼古拉一世和政治、军事高官都对新科技颇感兴趣。由于俄国缺少相关专业技术人员，电报设备的生产、安装和维护只能依靠外国。

为拿下沙俄这个大客户，维尔纳找到俄国驻柏林公使吕德斯商谈。经吕德斯牵线搭桥，1851年，西门子-哈尔斯克公司向圣彼得堡—莫斯科的线路出售75台电报机，用以供应圣彼得堡与莫斯科之间的电报通信系统，这笔交易给濒临倒闭的西门子-哈尔斯克公司输入了新鲜血液，救活了公司。1852年，维尔纳亲自跑到圣彼得堡，拿到圣彼得堡—奥拉宁—喀琅施塔得等多条电报线路的铺设权。因为业绩突出，西门子-哈尔斯克公司被誉为"俄国帝国电报线路的修建者和维护者"。

1853年10月，俄国和土耳其之间爆发克里米亚战争；英国在1854年3月也加入这场战争，支持土耳其。战争促使俄国电报系统的建设进程加快，俄国军方希望尽快建设一条通往克里米亚的电报线，以便及时与被围困将近一年的塞瓦斯托波尔要塞取得联系。西门子-哈尔斯克公司拿到了莫斯科—塞瓦斯托波尔电报线路的建造权。遗憾的是，当线路建设完毕时，通过这条线路通报的却是塞瓦斯托波尔沦陷的消息。

克里米亚战争以俄国的惨败而宣告结束，这就意味着西门子-哈尔斯克公司从此无法拿到大额订单。尤其是在尼古拉一世去世后，与卡尔·西门子（维尔纳·冯·西门子的弟弟，负责西门子-哈尔斯克公司的在俄业务）私交甚笃的俄国家电报局局长格拉夫·克莱米切被新沙皇亚历山大二世撤换，由此西门子-哈尔斯克公司与俄国电报界的上层联系被切断，公司影响力大幅削弱。

在俄业务的衰退直接影响到西门子-哈尔斯克公司柏林总公司的经营状况。1853年到1855年期间，来自俄国的订单使柏林的工厂得以满负荷运转，可后续的线路维护工作仅够满足圣彼得堡工厂的产能。幸运的是，1855年，西门子-哈尔斯克公司与俄国签订了为期12年的线路维护合同，价格相当高，这也让西门子-哈尔斯克公司在俄国的收入在一定时间内保持稳定，没有因为新订单的减少而出现大幅度下降。后来维尔纳·冯·西门子发明了电铸版仪表，它可以很快确定故障发生位置，使人力成本得以降低。

虽然有线路维护合同，但随着克里米亚战争的失败及俄国政治形势的日趋不稳，西门子-哈尔斯克公司在俄业务的前景并不乐观。幸运的是，西门子公司的海外战略并非局限于此，英国是这家企业的另一大目标市场。早在1850年，西门子的另一个弟弟威廉·西门子就在伦敦成立了西门子-哈尔斯克公司代表处，尽管初期的运营状况并不理想，但随着市场需求的增加，利润开始日渐丰厚。19世纪中叶，当德意志面临何去何从的时代转折点时，西门子公司已踏上了基业长青的起点。

第2章

染出新天地（1856—1873）

19世纪中期,第二次工业革命在欧洲、美国兴起,除以电力的广泛应用为典型特征外,现代化学工业的发展也是这场革命的显著特征之一。

此时,化工经济为整个德国带来了改变。德意志大地上的化工企业如雨后春笋般出现,在为民众和社会服务的舞台上扮演着经济统一的先锋角色。尤其是合成染料工业,更是从此时开始积累优势,并逐步走向世界前列,一度垄断了世界染料工业。

合成染料工业在德国的兴盛绝非偶然,而是有其深刻的历史背景。

从市场角度看,曾几何时,欧洲的染料生产仅仅停留在作坊阶段,产量低、成本高。随着第一次工业革命的巨大影响,欧洲、美洲的纺织工业迅猛发展,对染料的质量、数量形成了巨大的行业需求,仅靠天然染料已无法满足。这种行业发展水平差异形成的矛盾亟须解决,而德国则担起了历史所赋予的责任。

从社会角度看,随着战争频次减少、规模缩小,全欧洲的经济发展速度加快,普通民众的消费逐步升级,开始出现"流行色"的概念。人们渴望享受色彩更丰富、价格更低廉的产品,还希望能跟随流行文化的变迁而不断更换颜色,这也为德国合成染料工业提供了良机。

从政府角度看,环保意识的萌芽、各邦国之间的竞争,使得德意志各地政府开始关注煤气、炼焦工业所产生的煤焦油垃圾,寻求解决之道,而合成染料工业恰巧能将之变废为宝,形成治理与赢利合一的新途径。

在上述力量的推动下,加之化学研究水平的提升,德国合成染料工业迅猛发展,诞生了以拜耳、巴斯夫为代表的行业新星。

从蛮荒到秩序：染料工业与专利制度

19世纪中后期，合成染料工业在德国的兴起，直接带动了该国专利制度的变迁与完善。

对新兴行业而言，专利制度具有双重意义：一方面，专利制度能保护发明创造的勇气，促使行业不断创新。而另一方面，这种制度又很可能会影响新技术的推广应用，导致行业整体创造的价值无法达到最大化。在德国合成染料工业发展中，专利制度的上述作用表现得尤为突出。

最初，德国形同虚设的专利制度，让多家化工企业受益匪浅。其中最典型的就是赫希斯特公司。

1863年是德国化工业的神奇年份。这一年不仅诞生了拜耳、巴斯夫，也在法兰克福近郊诞生了赫希斯特公司。这家公司创办时规模很小，只有一名化学家、一名办事员和五名工人，公司仅有的设备是一台小蒸汽锅炉、一台三马力的蒸汽机。

和巴斯夫一样，赫希斯特公司最初的产品是品红染料。后来，产品品种不断增加，质量也随之提高。奠定了生存基础后，合成茜素的出现成为公司发展的转折点。1869年，赫希斯特公司的化学家得知了茜素的合成工艺，抢先一步着手茜素的工业化生产，并大获成功。当年，相关产品的销售额只有600马克，两年后就达到了9万马克，而1873年这个数字达到了440万马克。合成茜素成为赫希斯特公司的主打产品。

其实，合成茜素工艺最初诞生于拜耳的实验室，这本应属于商业机密，为何反而惠及赫希斯特、巴斯夫这些企业？这与德意志处于蛮荒的专利环境有重要关系，其更大的背景则来自国家状态。

1871年统一之前，德意志处于封建割据状态，大的邦国就有39个，其中29个建立了专利制度，包括1815年的普鲁士、1825年的巴伐利亚、1853年的萨克森等，此外的10个邦国则并未建立。

众所周知，专利具有区域性。专利权人所持有的专利权，只能在授予该专利的国家或地区得到法律保护。而在尚未授予该专利权的国家或地区，原专利权人的利益就无法得到保护，其他人对该项专利的仿造和使用都是可以的。这意味着一项发明创造如果想在整个德意志受到保护，就要先在29个邦国获得专利，而在另外10个邦国，发明人则毫无办法。当然，由此带来的"好处"也显而易见：任何新发明在德意志的传播都不受限制，相关技术会迅速扩散到德意志的各个角落，形成创新基础，让整个社会都从中受益。合成茜素技术的扩散过程正是如此，它让整个德国合成染料行业都得到了迅速的发展壮大。

其实，早在合成茜素出现之前，德国的众多企业就已经意识到合成染料工业技术的重要性。德国合成染料工业起步比英国、法国要晚，但英、法两国的专利制度却相对成熟。于是，很多德国人以参观、学习乃至工作的名义前往英国企业，掌握了先进的生产技术后，再将之带回德国。这些人里面就包括推动巴斯夫公司发展的卡洛，也有创办了爱克发公司的马蒂斯。通过这种"学习"，那些原本在英、法两国无法复制的生产技术，却能在德国公开地被推行。对于少数通过正式渠道无法获得的生产技术，德国人甚至会以工业间谍的形式大搞"拿来主义"。正因如此，德国合成染料工业拥有较高的技术起点，避免了绕弯路、犯错误。当然，德国企业对得到的技术也并非照单全收，他们善于对原有的技术进行消化、吸收和创新，以此保证产品的质量和产量都超过英国、法国的这些企业。

然而，无视专利、野蛮生长的时代终归会结束。1871年，德意志全国统一，也形成了统一市场。彼时，考虑到国家工业化并未成熟，迫切需要各类新技术，第二帝国政府保持了原有的专利制度格局，让各邦实行原有的专利法。这固然继续推动了化工行业的创新，但也逐渐暴露出其负面影响——严重挫伤发明者的积极性。由于缺乏专利保护，发明者的资金、智力投资都无法获得回报，其利益也随之受到损害，产生的负面影响越来越大。

1873年，巴斯夫公司的卡洛发明出一种新型的红色染料，名为曙红。为了避免发生之前合成茜素的事情，卡洛决定不注册专利，而是采用技术保密方式来保护。孰料强中自有强中手，爱克发公司创始人马蒂斯买到一些曙红的样品，送给霍夫曼教授进行研究；后者轻而易举地确定了这种产品的化学结构，并还原出合成方法。很快，曙红这种新型染料传遍了整个行业，成为公共产品。1876年，卡洛又发明出菊橙染料，马蒂斯和霍夫曼再度合作，解开了个中秘密。巴斯夫公司只能眼看着大家搭上这趟商业便车而无可奈何。

由于这些经历，卡洛奔走呼号，要求帝国政府能颁布统一的专利法。很多有识之士也意识到，德国确实要向英国、法国学习，有效地保护专利。否则，一时的繁荣无法成为企业研发动力的保障，整个行业也就难以继续繁荣。

1877年，德国终于正式实施统一专利法，建立了帝国专利局，专门处理专利事务。随后，合成染料企业开始大规模建立工业实验室，推出新的发明和专利。诸如拜耳等大企业还建立了专利部，以便妥善管理专利工作。企业之间不仅会在专利方面开展激烈竞争，还积极加强合作，以专利共享协议等方式形成双赢甚至多赢局面。更厉害的是，这些企业还针对英国、法国专利制度，实施高效的竞争策略，它们携手到海外注册专利，尝试垄断新的技术，以保持市场竞争力。

随着专利法的推行，德国合成染料工业的行业环境变得更为健康完善，这也直接推动了德国化工企业的发展与进步。

李比希：是宗师，也是商人

德国合成染料工业的兴盛，与尤斯图斯·冯·李比希的名字紧紧联系在一起。他创立了有机化学理论，创设了实验室教学体系，开创了化肥工业……李比希既是德国化学工业的开山祖师，也是涉足商海的学者，他的名字至今依然被广泛铭记。

1803年，李比希出生于德国黑森-达姆施塔特国的首都达姆施塔特，父亲是一位经营染料、颜料和各种药物原料的商人，还有家小作坊用来制造染料和涂料。所以李比希从小耳濡目染，对神奇玄妙的化学世界充满了兴趣。

8岁那年，小李比希入学读书，虽然有对知识的渴望和勤奋的精神，但是在旧式教育体制下，晦涩难懂的拉丁文、希腊文等古典课程让他大为头疼。由于成绩落后，15岁的李比希退了学。

即便文科成绩差，却不妨碍李比希对化学的热爱和钻研。给药铺当学徒期间，他并不厌恶读书，特别对化学有浓厚的兴趣，是宫廷图书馆的常客,那里的化学书籍几乎被他读了个遍。而比之书本上的文字,李比希更喜欢做实验,他觉得只有通过实验能够加以再现的东西才有实在的意义。

没过多久,李比希就因为做炸药实验将药铺的屋顶炸飞而丢掉了工作。1820年,在李比希的一再恳求下,父亲同意他进入波恩大学学习,师从父亲的朋友卡斯特纳,之后随卡斯特纳转入埃尔兰根大学读书。临近毕业时,李比希因为参加反对政府的学生组织而被通缉。

万幸的是,惜才的卡斯特纳为李比希争取到了去巴黎索邦大学学习的机会。巴黎的求学经历成为李比希人生的重要转折点。当时,巴黎是世界化学的最高殿堂,那里不仅是近代化学之父拉瓦锡的故乡,还聚集着盖·吕萨克、泰纳尔、杜隆等一批世界顶级化学大家。

李比希十分幸运地成为盖·吕萨克的学生。盖·吕萨克上课的风格完全不同于德国刻板陈旧的讲课方式,而是通过精妙的实验让学生更加直观地获得知识。这让李比希受用终身,大大激发了他对化学的研究热情。

留学期间,李比希遇到了他人生中的另一位贵人——德国科学界泰斗洪堡。洪堡是近代地理学、动植物学、气候学的奠基人,在科学界拥有极高声望。经他推荐,李比希进入盖·吕萨克的私人实验室工作。1824年,李比希确定了雷汞的分子式,完成了"博士后"研究。

在巴黎,他学到的不只是知识这条"大鱼",更重要的是他还掌握了"钓鱼"的方法——实验教学法。1824年,满怀斗志和热情的李比希回到了祖国。因为有洪堡和吕萨克两位大师的推荐,年仅 21 岁，他就成为吉森大学的副教授。一年后，李比希填补过世的齐默尔曼教授的空缺，升为教授。

此时，德国的化学课堂还是采用从书本到书本的旧式教学法，曾经深受其害的李比希决心改变这一种状况。刚到吉森大学，他就向政府递交了建立实验室的请示；得到的回复是政府可以提供一处废弃军营作为实验室场地，但是建设实验室的经费要李比希自筹。

为此，李比希不惜自掏腰包，也要把军营改成实验室。后来，黑森大公被他的精神所感动，拨了一笔建设资金给他。1826 年，代表创新与希望的实验室正式建成。

实验室条件虽显简陋，但是其所代表的教学理念却是极其先进的。它集教学与研究于一身，学生在这里既能学习知识，又可以做研究实验，且比吕萨克的私人实验室（一般只能接纳一两个人）更具现代性和科学性。他的实验室能够同时容纳 22 名学生做实验，教室可以供 120 个人听课，讲台的两侧配有各种实验设备和仪器，可随时为学生做各种演示实验。

李比希坚持的教学理念是，化学知识应该从实际操作中获得。他亲自指导学生做实验，让学生探秘化学世界。李比希不仅建了吉森实验室，还编制了新的化学教学大纲，创立了现今流行的导师制。

李比希的课很有感染力，就因为听了他的课，原本打算学习法律的霍夫曼（合成染料工业之父）和打算学习建筑的凯库勒（苯环结构提出者）都转到了化学专业学习。这种启发式的"吉森模式"很快闻名于欧洲，吸引了来自不同国家的学生前来学习，其中就有元素周期表发明者门捷列夫的老师沃斯克列先斯基，他后来成为"俄国化学之父"。

不仅如此，受李比希影响，化学家维勒在哥廷根大学、本生在海德堡大学、霍夫曼在波恩大学都建立了类似的实验室。后来，吉森模式传到其他国家，不仅在化学教育领域得以发扬光大，在其他自然科学教育领域也得到了广泛应用。

值得一提的是，李比希执教28年，可谓桃李遍天下，不仅培养了无数优秀的化学家，还逐渐形成"李比希学派"，而李比希无疑是宗师一样的存在。与此同时，世界化学中心也由法国转到了德国。据统计，到1955年，李比希学派中已有40人获得了诺贝尔化学奖。

李比希的教学还有一个特点，就是他在向学生传授知识和技能的同时，也会让学生清楚地认识到理论和实践技能所能产生的社会和生产力价值。他拒绝接受那些单纯为学习而学习的学生，他喜欢的是那种因心怀造福人类的远大理想而学习化学的人。他有句名言："既要使科学有用，还要使之赚钱。"

李比希不仅这样说，还身体力行地为学生做出表率，这主要体现在他在应用化学领域所取得的成就，其中最大的贡献就是开创了农业化学领域。他十分关注土壤的肥力问题，于1840年出版了《化学在农业和生理学中的应用》一书，阐述了化学肥料的理论和制造方法。这本书不仅科研学者爱看，农场主和农民也爱读。

接着，李比希通过实验发明了李比希专利肥料。肥料投入市场后极其畅销，让李比希大赚了一笔。但遗憾的是，这种肥料并没有让农作物增产，农民感觉好像买到了假化肥。李比希本人也很惊讶，为此他专门买了一块地进行栽培试验，结果却失败了。

后来人们发现这种肥料之所以不起作用，是因为这种肥料难溶于水，而且不含氮，但是固执的李比希坚持认为配方没有错。不过，这已经不再重要，重要的是化肥工业由此诞生以及科学种田由此开启，后世学者沿着李比希的足迹，最终发明了氮肥。

另一项让李比希名利双收的发明就是"李比希肉精"。南美洲、大洋洲为了获得牛皮，大量宰杀牛群，但那时并没有很好的牛肉保存方法，很多牛肉在运输过程中就腐烂变质了。李比希认为可以把牛肉中的水分蒸发，以保存牛肉的风味，如此一来，牛肉既不会因保存不当而被浪费，也可以让欧洲的消费者品尝到。

德国汉堡的一位商人基尔巴特觉得这个想法很可行，而且他还想在商品前冠上李比希的名字，因为这样一定会畅销。两人一拍即合，在南美洲的乌拉圭建设了工厂，开始生产"李比希肉精"。这门生意越做越大，后来公司总部迁到了英国，名字就叫李比希肉精公司。

1904年，这家公司已经成为拥有5000名员工的大企业，每年屠宰500万头牛。有意思的是，李比希肉精和李比希肥料一样，营养价值虽不高，但是具备良好的市场接受度。它们犹如海洋里的灯塔，为在黑暗中摸索的人们指明了前进的方向。

此外，李比希还发现了银镜反应[①]，并将其应用到工业领域中，由此制造了镀银镜面，避免了传统工艺让工人们遭受汞中毒的危险。

李比希不仅率先垂范，还培养出大量优秀人才。他的学生霍夫曼在英国从事教学科研多年，培养出许多杰出的化学化工人才。人类第一种合成染料的发明者、第一家合成染料企业的创建者珀

[①] 银镜反应指溶液中的银（Ag）化合物被还原为金属银的化学反应。

金,就是其中最优秀的代表。后来,霍夫曼回到德国,将毕生献给合成染料化学化工领域,取得了令世人瞩目的成绩。

在李比希的引领下,从19世纪中后期开始,德国的化学教育实现了教育和生产、基础和应用的结合,使得更多的科技成果更快地转化为生产力,并加速了合成染料的工业化进程。

拜耳的自主研发之路

李比希在学术和商业上的成功,在德国印染和化工业界塑造了一种固定模式:制造企业必须向化学家购买印染、化工等学术专利,才能开展业务。企业的运营开始变得更加依赖科学家的发明成果。19世纪60年代,为了降低商业风险,德国企业开始投入资金自建研发团队和管理体系。拜耳就是在此时诞生的。

1863年8月1日,商人弗里德里希·拜耳和印染师约翰·弗里德里希·维斯考特在巴门市建立了一家染料生产企业,这就是最初的拜耳公司。一开始拜耳非常推崇从焦油中提炼人工色素,企业也专注生产和销售合成染料,其技术大都来自购买的专利,公司因此得到发展壮大,甚至和远隔大洋的美国市场也建立了联系。但随着业务变得复杂,管理者们很快被各种偶然性问题所困扰,例如新技术会很快被同行学过去,又被竞争对手所超越,而一些发明专利看上去很精巧,但在大规模生产面前却无法持续。

1869年,德国著名化学家格雷贝(Carl Graebe)和李伯曼(Carl Liebermann)在拜耳的实验室完成了人工合成茜素的实验,并申请专利。合成茜素看上去比天然茜素更加晶莹剔透,那种纯净、迷人的红色简直是巧夺天工,仿佛坠落人间的精灵。然而,随着巴斯夫等企业加入竞争,格雷贝和李伯曼的合成路线暴露了越来越多的缺点:太复杂,成本太高,作为反应物的溴价格昂贵,很难在工业规模上实现熔融过程,由此导致合成茜素无法进行工业化的批量生产。

不久后,曾被称为"红色公主"的合成茜素身价大跌,几乎到了无人问津的地步。这让以茜素生产为生的拜耳公司举步维艰,濒临破产边缘。

1881年,拜耳发展成为生产染料的股份公司,并正式定名为拜耳染料生产股份公司。尽管企业已经股份化,但公司依然保留着家族化特征,最重要的管理职位只能由家族成员担任。例如此后在董事会工作的亨利·博廷格、监事会主席卡尔·朗普夫,都是老拜耳的女婿。

面对之前的老问题,新一代管理层上任后公司的情形依然非常窘迫。1885年,德国一家报纸这样写道:"卖掉拜耳公司的股票吧,不然,你将蒙受重大损失……如果它还能维持到明年,那也别指望它能付给你股息。"

为了避免商业风险,提升产品质量,拜耳公司痛定思痛,决定聘请专门的研发人员,主动寻找对企业发展有真正长远意义的技术,并及时申报专利。拜耳的这一做法,开创德国企业的先河。

卡尔·杜斯堡就是在这种境遇下加入拜耳公司的,他是公司主动聘请的三位化学家之一,并顺利通过了入职审核。进入公司后,他一头扎进实验室。在1885年的一个周末,做完实验的杜斯堡和同事们在清理实验器具时,意外发现烧杯里的东西由原来的棕色变成了红色,这正是他一直苦苦寻觅的颜色。测试证明这是一种优秀染料，杜斯堡将其命名为 B enzopurpurine（苯紫红素）染料。

拜耳公司终于抓住一根救命稻草，为生产苯紫红素染料专门建立了工厂。这种染料推向市场后十分畅销，这让拜耳公司彻底走出了破产危机。1885年，拜耳的股息为0，仅一年后就涨到4%，到1891年更是增长到18%。[①]

好事多磨，杜斯堡在申请专利时遇到了阻力，拜耳的竞争对手爱克发公司认为这种染料和不久前问世的刚果红的化学结构基本一样，没有创新性，建议专利局否定申请。经过杜斯堡的据理力争，两家公司最终达成专利共享协议，双方都可以生产对方的专利产品。

杜斯堡在拜耳的地位也青云直上。1888年，他和老拜尔的女婿朗普夫的侄女约翰娜结婚，正式成为拜尔家族一员。随后，他又成功地合成了靛蓝色染料。这一产品被命名为"苯丙天青精G"，且颜色效果似乎比真正的靛蓝还要好，这让拜耳公司管理层非常高兴。尽管后来市场发现，这种染料也存在缺点：在干燥和炎热环境下，有时会褪色。但杜斯堡在公司的地位依旧青云直上，成为董事会成员。他研发获得的专利权也成为拜耳公司的秘密武器，每每让公司赢得竞争先机。

比杜斯堡晚两年进入拜耳公司的化学家罗伯特·施密特对拜耳的起死回生同样作出了重要贡献。这位开创"茜素染料新纪元"的化学博士年仅23岁，个性鲜明，一年四季都戴着一顶漂亮的小草帽。他最大的爱好就是做实验。

进入拜耳后，施密特被派到效益极差的茜素生产厂革新茜素

---

① 刘立. 德国化学工业的兴起[M]. 太原:山西教育出版社, 2008:128.

的生产工艺，压缩成本。仅用一年，施密特就发现一种新的茜素染料。随后拜耳公司以"茜素蓝 S"的名称将其推向市场，消费者趋之若鹜。

1890 年，施密特又发明了茜素 bordeaux，市场销路良好，拜耳公司从此走出了茜素困境。后来施密特因为卓越贡献进入了董事会，不过他更喜欢和瓶瓶罐罐打交道。做了 8 年领导后，施密特还是选择重回化学实验室。

拜耳对自主研发体系的建设形成了传统。他们并未止步于合成染料产品领域。1887 年，拜耳成立了世界上第一个药理实验室，后来又建立了化疗实验室。拜耳拨出巨款，为这两大实验室提供研究经费，添置功能优越的仪器设备，组建强大的技术团队。正是在这里，日后拜耳开发出了著名药品阿司匹林，后来又凭借发现磺胺类药物作用而名利双收。

对自主研发能力的主动磨炼，让拜耳公司的经营之路越来越顺畅。他们通过对研发创新体系的不断改进，提高了企业的产出效率，实现了对企业产品序列的主动规划。正是在这里，发明研究不再只是与天才有关的"神话"，而是成为一家化工企业打开百年兴盛大门的钥匙。

事实上，从第一次工业革命影响传来的 19 世纪 50 年代开始，印染工业、化工工业曾云集于德意志的莱茵河畔，但后来经历了两次世界性经济危机、两次世界大战，这些企业所剩无几。到 1960 年时，能留存下来的企业都具有与拜耳相似的特点，那就是通过积极的自主研发，持续产出发明专利。

巴斯夫引领靛蓝风潮

德国合成染料工业能成为"德意志帝国最伟大的成就",除了霍夫曼,卡洛、布隆克、杜斯堡、施密特这四位杰出的化学家功不可没。他们不仅在化学研究领域有不俗表现,同时还有发达的商业头脑,将众多化学实验样品带出实验室,成功实现商业化,让人们的生活色彩斑斓。杜斯堡和施密特成就了拜耳传奇,而卡洛和布隆克则打造出巴斯夫的辉煌。

1863年,巴登州曼海姆市的企业家恩格尔霍恩、化学家科勒姆兄弟等人合伙,创办了一家苯胺染料工厂。

恩格尔霍恩原本是金匠出身,最早曾在曼海姆市开设煤气厂。他精力过人,具有商业远见和领导魄力。从市场获得第一桶金后,不甘寂寞的恩格尔霍恩积极投身制造业建设,莱茵河畔许多工厂背后都有其身影。当他发现煤气厂的副产品煤焦油所具有的商业潜力后,就将目标放到了染料的研发生产领域。他邀请科勒姆兄弟两人,让他们专门从事新型染料的研发,自己则负责生产和销售。

创业初始,恩格尔霍恩购买了一家废旧工厂的厂房,进行改建后专门制造苏打、品红。但因为生产品红需要用到砒酸等有毒有害物质,会造成环境污染,所以曼海姆市政厅下了逐客令,要求他们将工厂搬出市区。

1865年,他们获得了一位金融家的入股资助,将工厂搬到了莱茵河畔的路德维希港旁,并正式将公司命名为巴登州苯胺苏打公司(Badische Anilin-und-Soda-Fabrik),简称巴斯夫(BASF)

公司。

虽然迎来了新的投资人，但工厂生产的品红缺乏销售渠道，经常产生积压，导致经营效益不佳。更重要的是，由于缺乏研发力量，工厂也拿不出什么拳头产品和拜耳、赫希斯特这些领先的企业竞争。

到1868年，巴斯夫公司终于迎来了转折点，带来希望的人名叫卡洛。

卡洛1834年出生于波兰，后来被父母带到德国，加入德籍。18岁时，卡洛进入工艺专科学校，学习了三年的纺织品染色法和印刷技术，毕业后进入一家小染料厂工作。

当时流传一种说法，认为德国在冬季不能染色，但英国可以。于是有志于染料研究的卡洛决定到英国留学。留学期间，他申请了好几种新染料的专利权，如Bismark棕、苯胺黄等。

随着德国染料工业的崛起，卡洛于1866年回到德国。他考进海德堡大学，跟随著名化学家本生继续学习化学，并拿到博士学位。1868年，他被巴斯夫公司聘请，担任新成立的研究部主任。

1869年，拜耳实验室发明了合成茜素。与化学学术界一直保持紧密联系的卡洛得知消息后，立即嗅出其潜在的巨大商业价值，前往拜访了解。回到巴斯夫后，经过几番努力，卡洛带领研究团队攻克了合成茜素难以工业化生产的难题，发明了合成茜素的经济生产办法。1871年，巴斯夫公司只生产出15吨合成茜素，第二年就达到100吨，1877年达到750吨，1902年达到惊人的2000吨。从此之后，巴斯夫成为全世界最大的合成茜素生产企业。

产能提升后，巴斯夫公司还要采取大动作来扩大销售渠道。1873年，巴斯夫公司雇用了非常有名的贸易商西格尔作为国际销售代理。此前，巴斯夫主要通过中间商销售产品；西格尔接手后，砍掉了中间商，直接和顾客打交道，利用在米兰、纽约等地的销售机构就获得了5000个终端客户。

西格尔还在销售基础上建立了售后服务系统，搭建起工厂和客户之间直接沟通的桥梁，巴斯夫由此得以高效获取市场信息。此外，西格尔还将技术人员引入销售团队，专门负责为客户提供技术指导，在双方沟通中，技术人员也会从顾客那里得到最新的技术信息。通过西格尔的举措，巴斯夫公司和客户形成双赢局面。这一模式后来被德国其他化工企业所采用，对德国合成染料行业的发展产生了重要影响。

巴斯夫的销售业绩不断上升的同时，英国珀金公司也实现了合成茜素的工业化生产。随后，德国赫希斯特公司等众多企业也加入茜素制造行列，导致茜素价格下跌，而原材料蒽的价格却大涨，拜耳因此遭受重创。[1]一直到1881年，德国主要染料企业达成茜素条约后，情况才有所改善。

卡洛初战告捷，随后其完成了另一项创举——偶氮染料的工业化生产。

一直以来，偶氮染料以其色彩多样、应用广泛成为市场上最大的染料家族，而且它可以不用触染剂而直接漂染棉布。

偶氮染料的问世也经历了一番波折。最早发明偶氮染料的人其实不是卡洛，而是另一位德国化学家格里斯，他在1858年就发表论文描述偶氮反应，根据这一反应可以合成大量的偶氮染料。只是这位一直定居英国的德国化学家的发明完全是为了科学研究，

---

[1] 1869年，德国化学家格雷贝和李伯曼用从煤焦油中提炼出的蒽人工合成了茜素。

根本不曾往商业方向思考；他的老板主业为酿酒生意，对他的发明成果也不感兴趣。

好在格里斯的才华并未被埋没，他的发明早已被巴斯夫、拜耳等公司盯上，最积极的自然是卡洛，他在英国留学时就和格里斯私交甚好。1876年，卡洛赴英专门拜访格里斯，并拿到一些偶氮化合物的样品。

不幸的是，这些样品中只有一种可以做染料，市场销路也一般。但卡洛却不觉得遗憾，因为他从格里斯那里获知了"格里斯反应"。依据这一反应，可以源源不断地利用重氮化的有机反应，生产出各种新的偶氮染料，巴斯夫公司由此获得新型合成染料的独门秘籍，获利颇丰。卡洛担心别人抢先发表他的研究成果，于是赶紧发表论文，这样，全世界都知道了"格里斯反应"，德国的偶氮染料热潮猛然兴起。

号称"染料皇帝"的靛蓝是人类征服染料世界的最后一道屏障。最早完成靛蓝合成实验的是德国化学界泰斗阿道夫·冯·拜尔教授。1883年，他揭开靛蓝分子的最后一层面纱，使人工合成靛蓝不再是梦；1905年，他凭此获得诺贝尔化学奖。

如此重要的染料，几乎是每一个染料公司都要争夺的对象。为此，巴斯夫公司和赫希斯特公司为合成靛蓝的生产展开激烈竞争。

巴斯夫公司派出卡洛率领攻关小组开发合成靛蓝，并得到拜尔的大力指导，取得152项合成靛蓝专利，但这些专利并没有实际应用价值。

随后，即将退休的卡洛将开发工作交给布隆克，此人曾在比利时根特大学跟随著名化学家凯库勒教授攻读化学，1869年进入巴斯夫公司，34岁时便成为公司高管。布隆克不仅兼具理论知识与实践经验，而且有猎人般的精准眼光和嗅觉，善于挖掘一项科学发明的商业价值。

布隆克坚信合成靛蓝会给公司带来巨大效益，于是坚定不移地进行研究开发，终于在1897年率先完成合成靛蓝的工业化生产，比赫希斯特公司早了4年。至此，这项历时17年、耗资500万美元的染料工业史上的大工程终告完结。20世纪之后，随着牛仔裤流行风潮席卷欧美，合成靛蓝也迎来了黄金时代。

到1904年，巴斯夫公司的工厂已占地540公顷，拥有55千米运输铁轨，上百套办公室，600余幢工人宿舍。整个工厂的员工数量达到近8000人。回望当年创业之初的低矮木屋，早已今非昔比，不禁让人感慨：后来者亦可居上。

第3章

民生新实业（1874—1883）

自19世纪70年代开始，新生的德意志帝国迎来了腾飞。德国开始从欧洲大陆上的落后农业国转变为工业强国：在德国统一前的1866年，生铁产量只有100万吨；统一后仅过了两年，这个数字就达到220万吨。从1860年到1874年，德国的煤产量迅速增长，达到2600万吨。德国的铁路里程在这一阶段增长了将近2万公里，在1875年前后达到2.8万公里，铁路运输量足足增长了21倍！

经济加速发展的刺激，让德国社会在此时呈现出欣欣向荣的景象。战后的和平时期里，人口数量迅速增长，从普通民众到达官显贵，大多对未来抱有美好的期冀。尤其是在工业化和城市化的浪潮下，德国各大城市的市民阶层得到充分扩充，其中包括拥有生产资料的企业主、管理者，也包括政府或企业雇员在内的中小资产阶级，同样也包括在企业底层劳动的工人阶级。尽管他们有着各自不同的利益诉求，但作为城市市民阶层所共同的利益诉求，必然会在政治和经济两方面加以表达、寻求满足。

在政治领域，首相俾斯麦率先意识到民生福利对于这个新生国家的重要性。他认为，对于劳动阶级的具有正当理由的要求，只要是在能与国家利益相调和的范围内，政府就应考虑利用立法和行政手段来予以满足。为此，德国政府对社会福利政策立法，以保护普通民众在经济发展中的切身利益，维护社会基层对未来的信心。

在经济领域，多家新企业诞生并逐渐壮大。这些企业或深耕于城市建筑领域，或从事轻工业机器的生产制造，或面向普通市民提供零售业服务……尽管他们的业务背景有种种不同，但却体现出显著的共同特征，即越来越重视对市民阶层消费需求的满足，并以此为核心建构出新的商业组织运营理念。

菲利普·霍尔兹曼：描摹城市建筑群

1992年，改革开放的春风拂过燕山。在北京市东城区亮马河畔，一座风格独特的建筑出现了。建筑中包含了高档写字楼、五星级酒店和现代化商城，总建筑面积达到16万余平方米，配备了那时国人很少见到的地下车库、中央空调系统。整座建筑既具有中国传统构图特色，也融合了欧洲庭院的设计手法，让来客无不啧啧赞叹。从那时至今，这座名为燕莎中心的现代化建筑，始终充满活力。当年参与其承包建造的，除了我国的中建总公司外，更有来自德国的百年企业——菲利普·霍尔兹曼建筑公司。

1873年，在法兰克福城，菲利普·霍尔兹曼先生骄傲地向员工团队宣布：和德国联合银行旗下的国际建筑和铁路公司共同投资，成立菲利普·霍尔兹曼公司。

消息通过电报和报纸，传遍整个德国。从此时开始，菲利普·霍尔兹曼这个名字，融入了更多普通德国人的生活。

霍尔兹曼会进入建筑业界，并非一朝一夕之功。1836年12月10日，菲利普·霍尔兹曼出生于黑森大公国的德莱艾兴海因村。他的父亲是村里的一个小磨坊主，还有一家很小的锯木工厂。

黑森的民风自由、民主，对手工技艺的自信、对经商冒险的渴望是这里许多家族的传统。中产阶层不甘于现状的精神也同样影响着霍尔兹曼家。这些都让菲利普的父亲不愿满足于现状，他希望能努力给孩子们创造更好的未来。

1840年时，刚兴起的铁道建设为父亲带来人生中的惊喜，他获准为铁轨提供枕木，这让他原本平庸的事业突然变得热闹起来。1845年，老菲利普又参加了铁路建设中的土方工程服务，这更让他感受到这类生意的美好前景。于是他放弃了磨坊，专门瞄准建筑、锯木等生意。

1854年，菲利普从卡尔斯鲁厄技校毕业后，就继承了父亲的事业。此时，父亲已经将企业总部搬到了法兰克福城。菲利普和弟弟威廉加入了公司，开始从事住宅建设工程服务，并管理与之相关的手工业工场。他们虽然初出茅庐，但对城市建设的市场需求已相当了解，法兰克福城内的排水和水管设施、城市首座桥梁建筑等订单纷至沓来，他们的生意经验也借此迅速丰富。很快，法兰克福的居民开始称呼菲利普为"霍尔兹曼先生"。

年轻的霍尔兹曼先生很快意识到资金在竞争中的重要性，因为他发现公司的财力还很薄弱，无法接受较大的工程任务，所以他开始到处寻找投资者。

霍尔兹曼追逐资本的勇气，少不了强烈的自信。即便他知道引入资本是一种赌博，一旦输掉就会丧失企业的独立性，但他也毫不犹豫。这种自信固然与他的能力有关，同时也与法兰克福作为金融中心的地位有关。在这里受到长期熏陶的霍尔兹曼，早就丢掉了对"借钱"这件事的恐惧。为了拉到投资，他甚至将家里的财产全部投入企业，以此证明他对企业的前景有多看好。后来，霍尔兹曼的妻子在回忆时描述道："我们连马厩里的马都抵押出去了。"

公司刚一成立，就承接了法兰克福歌剧院的建筑工程。这座歌剧院的工期长达7年，到1880年才竣工。歌剧院的外观借鉴了巴黎歌剧院，整栋建筑的外形采用了古希腊风格，并运用圆拱形窗户体现后文艺复兴风格，而内部装饰则采用了富丽堂皇的巴洛克风格装饰。歌剧院建成后，受到当地社会的一致好评，并成为这座城市的地标建筑，酷爱音乐的德国人在这里留下了许多美好的回忆。尽管如此，它终究没有摆脱厄运，在二战末期被炸成了一片废墟。直到1981年8月，法兰克福当地政府才修缮完成，使之变成如今的现代歌剧院。

法兰克福歌剧院工程让霍尔兹曼名声大噪。到1874年时，公司已有了上百名员工，包括技术员、管理员工等，在一线岗位上还有2000余名工人，他们构成了菲利普·霍尔兹曼公司未来发展的核心力量。随后的20年间，霍尔兹曼充分利用手中雄厚的财力，带领这家企业成为德国建筑行业的领军者。

很快，公司的业务范围开始扩大。霍尔兹曼在德意志的多个城市承包建造下水道系统等市政工程，获得了充沛的资金收入。随后，公司又参加了德意志众多铁路、运河、桥梁的建设工程。

在业务扩大的同时，公司也在不断创新。霍尔兹曼不仅擅长管理，还会自行设计，并使用先进技术。1877年，在建造巴塞尔的韦特施泰因大桥时，他的公司成功使用了沉箱基础构造技术，并在原有技术基础上进行创新，运用铁质沉箱取代木质沉箱。不久后，他在业界最先使用电动设备，提升了建筑施工效率。当霍尔兹曼公司建造地下轨道时，他又在压缩空气护盾开凿技术方面获得了5项专利。

随着业务不断扩大，霍尔兹曼公司的规模也与日俱增。公司拥有4个生产砖瓦等建筑部件的工场，还有附属的采石场。此后，公司也参与了法兰克福第一家大型住宅区房产开发公司的组建。霍尔兹曼本人更是忙得不可开交，他致力于所有项目的筹资，也要确保工程建设过程中的技术执行符合要求。

霍尔兹曼不仅懂得单打独斗，更能身先士卒、带领团队。霍尔兹曼生长在黑森大公国，是在传统手工业氛围滋养下成长起来的。人们感觉他并不像普鲁士企业家那样，总是端着"大家长"的架子，也不像鲁尔地区的老板那样，动辄提防工人们"闹事"。相反，霍尔兹曼在企业里推行同行文化，即一线员工和管理者都是同行者。他经常和员工一起劳动，也喜欢和大家共同庆祝劳动成果，无论在什么情况下，他都没有所谓的"架子"。但同时，作为公司领导，他对员工的工作总是以严格的标准来要求，并且只将最优秀的人留下来，继续鼓励和培养他们。

霍尔兹曼的这种管理方式，影响了整个企业的文化。在这里，每个人都感觉自己是机器里的一个小齿轮，不仅要负责自己的任务，还要对整个机器的运转承担责任，他们甚至会忠诚于霍尔兹曼个人。许多出生在大山里的孩子从小就树立了人生目标：到霍尔兹曼先生那里去，先从学徒做起。哪怕从做听差、煮咖啡开始，以后就可能当上扳道工、司机，再以后还可能当上挖土车司机、监工。拥有这样的员工，或许就是霍尔兹曼企业成功的秘密。

趁着第一次工业革命和第二次工业革命之间的初次全球化浪潮，霍尔兹曼公司搭上了发展快车。公司业务不仅满足了德国本土许多城镇的基础建设需要，也逐步将触角延伸到国外。此后，这家公司还参与了包括瑞士格劳宾登的铁路、荷兰阿姆斯特丹中央火车站、土耳其安纳托利亚铁路，以及后来的中东巴格达铁路等建设项目。霍尔兹曼的名声在这些国际化业务的滋润下越来越显赫。

遗憾的是，这样一家传承了上百年的建筑企业，最终倒在21

世纪初期。公司投资了德国东部的大量房地产项目，但却并未如愿以偿地迎来盈利，菲利普·霍尔兹曼集团的财务状况陷入困境，直到走向破产。尽管这家企业已然成为绝唱，但霍尔兹曼的名字将始终和那些屹立的建筑联系在一起，见证着德国的百年风云和普通市民的生活变迁。

林德将冰箱带入千家万户

2012年12月27日，我国工程机械行业传来喜讯：潍柴集团经过艰难谈判，以7.38亿欧元收购德国凯傲集团25%的股份、林德液压公司70%的股份，一举创下中国企业有史以来对德最高并购纪录。到2019年，投资20亿元的潍柴林德液压产业园落地投产，年产能为10万套，全面引入高端液压机械生产技术。来自德国的液压技术，就这样融入一台台收割机、一辆辆叉车，推动农业机械化的发展。

在工程机械行业，"得液压者得天下"是全世界的共识。液压件相当于机器的"肌肉"，它能将动力从一种形式转换成另一种形式。潍柴集团看上的林德液压技术，精确度高、可靠性强、响应快、寿命长，长期代表着全球领先水平。

"林德"品牌背后的故事，发端于19世纪70年代。

1875年，德国奥格斯堡机械制造厂生产出了世界第一台压缩制冷机。这台机器走下生产线的那一刻虽貌不惊人，但很快就被市场广泛认可，获得巨大成功，直至成为电冰箱的心脏，造福千家万户。这台压缩制冷机的设计者就是卡尔·冯·林德。

1842年，林德出生于德国库尔姆巴赫附近。1861年开始在瑞士苏黎世修读机械制造专业。1865年，由于学生运动，他没有参加结业考试就离开了瑞士，来到柏林。

此时的柏林，大型工厂已遍地开花。林德在博尔希机车制造厂做见习生，后来转正进入绘图设计室工作。1866年，他转到慕尼黑的一家机车制造厂工作，并很快改进了机车的驱动和制动系统，这让他在当地小有名气。

为了能赚到更多的钱，也出于对科学的兴趣，林德接受了慕尼黑高等工科学校的聘任，此时他年仅26岁。不久之后，一项有奖设计竞赛活动吸引了他的目光，不仅因为丰厚的奖金，更因为设计主题是机械制冷。

机械制冷理论，属于林德在校的教学范围，也是他最感兴趣的研究领域。他不甘心只做一个理论研究者，更希望能用理论指导实践，提升制冷设备的效率，将个人设想付诸实际。

此时，距离人类开始研究机械制冷，已经有300多年的历史了。在古代罗马帝国，贵族们为了喝上冷饮，需要驱使奴隶去高山顶部人工凿冰，冰水混着血水洒满崎岖不平的山道。在我国周朝，奴隶们在冬季去冰湖里开凿冰块，将之深埋到地下的冰窖，到夏天再取出，为贵族们纳凉享用。后来，英国科学家培根曾为了研究鸡肉在冰雪里不腐烂的问题，同样建造了地下冰窖，每天观察研究，结果因受凉而去世。在机械制冰发明之前，人类都是靠天然冰制冷的。

1540年，在意大利的罗马，有人发现用水溶解硝酸钾的时候，能让温度下降。这是最初的化学冷却法。这种方法很快风靡欧洲，用来冷却果汁和葡萄酒。

伴随工业、运输业的发展,大规模制冷的需求诞生了。人们迫切需要可控的机械设备来干净、便捷地制冷。一代代发明者参与了机械制冷设备的研发进程:

1748年,在苏格兰格拉斯哥大学诞生了第一台人造冰箱,运用了乙醚挥发的原理。

1805年,美国有人发明了蒸汽原理的制冷机。

1820年,英国发明家法拉第利用液化氨进行制冷。

1872年,美国人戴维·博伊尔取得了氨压缩制冷机的专利。

德国也没有置身事外,有识之士同样在积极考虑是否能以氨压缩的方式来制造可循环使用的新型制冷机。最初,林德所采用的设计思路是利用甲醚,但他很快发现液化氨的制冷效率更高,于是果断改弦更张。

经过实验室的不断研究,林德拿出了初步的机器模型设计图。随后,他拉到投资,又和机械制造厂商建立联系,终于生产出第一台液氨压缩制冷机。

林德的制冷机以氨作为制冷剂,压缩机将蒸发器产生出的氨气进行压缩,变成高温、高压的液氨。液氨先经过冷凝器降温,再经过节流器变成低压液氨;随后进入蒸发器中吸收热量,使得被冷却介质温度降低,以对外提供制冷效果。同时,氨也从液态变成了气态,并重新回到压缩机进行下一次循环。这样,就能确保机器不断制冷。

最初,人们并未认识到这台机器的威力。法国有位名叫蒂尔的商人,采购了一台林德制冷机,将之放在远洋运输船上。这艘船从澳大利亚出发,冷库里堆满了牛肉。《泰晤士报》的记者将这件事当成笑谈进行报道,人们都不相信这些肉能穿越浩瀚的太平洋和大西洋还安然无恙。3个月后,这艘人类历史上最早的冷链运输船抵达了伦敦,打开船舱后人们惊呆了,来自南半球的牛肉完好无损地出现在眼前,根本就没有想象中的腐败迹象。一夜间,那些冷嘲热讽就烟消云散,商人们纷纷寻找与林德制冷机有关的商机。

1877年,慕尼黑的斯帕藤布罗伊啤酒店安装了林德的氨压缩制冷机,用来冷藏果汁和啤酒。此后,伦敦、哥本哈根、卡尔斯伯格等多个城市的啤酒厂都购买并安装了这种高效制冷机。

当然,林德本人也想从中找到商机。1879年,他不顾周围人的反对辞去了教职,在威斯巴登创建了"林德制冷设备制造公司"。作为新公司的唯一股东,他必须离开慕尼黑原有的学术社交圈,举家迁往威斯巴登。很多朋友怀疑他放弃教学和科研,是为了通过经商而赚取巨大的金钱利益,林德对此非常愤怒。后来,他的收入也否决了这种传言,他在公司当了10年董事,并未领取一分钱的工资,分红也只有当公司利润超过预期时才能拿到。

与其说林德是为了赚钱而经商,不如说他是为了追求内心的价值。他的制冷机在国内外许多工厂投入生产,各地订单让这些厂家应接不暇,他如果想要赚钱,只需要坐收专利使用费就够了。他之所以想要成为企业家,是希望能走出书房、实验室,走进工厂和市场,去切身了解科学技术的理论如何变成产品,真正为千家万户创造福祉。

正因如此,林德非常执拗地不做任何广告。他坚决相信凭借质量,旗下的产品足以从激烈竞争中脱颖而出。在他管理公司的11年间,这家公司总共生产和销售了上千台制冷冰箱,始终没有产生法律纠纷。这些制冷冰箱为德国民众带去了数不清的冷藏肉类、水果、蔬菜，提高了民众的生活水平，让许多家庭充满欢声笑语。对此，林德终身感到自豪。

林德乐于看到高品质的制冷机帮助消费者，也愿意亲自去帮助手下的工人。他的父亲是普通传教士，家中经常聚集着穷人，这对林德产生了重要影响，让他始终具有强烈的社会责任感。他创办企业后，同样将这里当作"穷人之家"。林德积极在企业内采取措施，让普通工人能分享到更多利润。他为员工们建造住宅、提供社会保险，并认为劳资双方应通过积极沟通来缓和关系。

当林德制冷设备制造公司日益走上正轨后，林德想到了回归科研。当他回到慕尼黑开始挑战新的气体压缩实验时，留给德国的已经是一家庞大的制冷机生产制造企业。即便到21世纪时，林德公司的主体业务仍有很大部分来自当年林德本人的贡献。

菲利普·罗森塔尔的瓷器生意

高山曾是丘陵，大河来自涓滴。在所有承受历史风吹雨打而终成正果的德国企业品牌中，有不少都曾默默无闻。它们初生时，有的是中小型制造企业，有的是小型批发商，有的只是一家小作坊。这些当年不引人注意的"小角色"，凭借各自的努力发展壮大，共同描摹出波澜壮阔的德国资本主义画卷。

菲利普·罗森塔尔就是其中的代表。他出生于德国威斯特法伦的威尔城，父亲亚伯拉罕·罗森塔尔经营着瓷器手工工场。

在人类文明的初级阶段，陶器是几乎每个族群都会制作的产品。但对其进行进一步加工，使之升级为瓷器，就并非所有民族都能完成的了。它需要特殊的高岭瓷土，还需要 1300 摄氏度以上的窑炉温度，更需要能稳定附着在陶坯上的釉层。在遥远的古代，这三者合一的好运，唯独降临在东汉的中国。

到 16 世纪时，东方瓷器仍然未能大规模登陆欧洲，即便在王室贵族的收藏架上，那也属于罕见之物，更不用说走入寻常百姓家。17 世纪开始，经历了大航海时代，瓷器开始被大量输入西欧，其功能从实用发展为装饰，逐渐成为社会阶层的标志。18 世纪初，德国有位名叫伯特格尔的炼金师，勘破了制作白釉瓷器的秘密。他兴奋不已，认为发现了新的"白金"。在当地选帝侯的大力支持下，德国麦森陶瓷作坊在萨克森境内建成，其瓷器质量可与漂洋过海而来的中国产品媲美，被誉为欧洲第一。为了证明自己，麦森还将希腊神话、罗马寓言、法国艺术等绘画主题描摹到瓷器表面，瓷塑师傅们更是开始用瓷器塑造宫廷贵族、猎手狩猎、士兵巡逻、猴子表演等造型，将瓷器的艺术风格从单一的"中国化"转向了"欧洲风"。

100 多年间，紧跟麦森的步伐，德国瓷器行业方兴未艾，罗森塔尔作坊只是其中的普通成员。当亚伯拉罕·罗森塔尔去世后，家中孩子尚未成年，作坊遂告解散。菲利普选择离开德国，前往美国谋生。在异国他乡，他经历了一段坎坷不平的人生道路。他曾在繁华的纽约做过旅馆听差，为餐馆洗碟子，也曾在荒凉的西部闯荡，做放牧牛仔和邮政马车夫。1874 年，他成为纽约瓷器进口商雅各布·迈尔兄弟公司的员工。这家公司的合伙人曾与他父亲熟识，便给了他尝试的机会；而他也没有辜负对方，在瓷器堆里埋头努力 4 年，最后成为公司的头号采购员。这段经历让他学习到德国故土没有的营销技巧，而更重要的则在于认识到坚韧毅力对经商的重要性。

在美国历练7年后,罗森塔尔选择回到德国。1879年,他和妻子在巴伐利亚的泽尔布开了一家瓷器作坊,名为菲利普·罗森塔尔。

在艰苦创业阶段,这家"夫妻店"从事的是瓷器绘画业务。罗森塔尔从老牌作坊那里购买粗制白瓷产品,如碟子、烟灰缸等等,将它们小心翼翼地装在洗衣筐里背回家,再让妻子玛蒂尔德为这些产品手工涂色,让它们变得五彩缤纷,最后陈列在货架上展示。

但是,他们加工的瓷器产品数量和种类都有限,而且销售业绩也不理想。眼看本就微薄的积蓄很快就要花完了,罗森塔尔只能想方设法去借钱支撑。当地一家糕点制作师和这对夫妻是朋友,他跑来建议罗森塔尔,干脆去店里做帮工,以后成为糕点师。罗森塔尔拒绝了对方好心的建议,也打消了再次去美国闯荡的建议。他后来留下的名言证明了此时选择的正确性:"当你意志消沉时,什么事都别做。"

罗森塔尔从没有怀疑自己对产品的定位。他早期的人生经历,让他对目标消费者的心态非常清楚。市民们固然推崇甚至仰望麦森瓷器那样的奢侈品,但他们并不会真正购买一套白金般闪闪发光的白瓷咖啡杯,装模作样地翘起兰花指端起它轻啜咖啡。这样的生活方式更适合古典宫廷传统熏陶下的贵族阶层,而不是金钱游戏所滋养出的企业老板或职员。

果然,在罗森塔尔即将陷入绝境时,他的一款产品突然名声大噪。那是一款彩瓷烟灰缸,用色对比强烈,款式迎合民间趣味。有趣的是,按照罗森塔尔的创意,烟灰缸外面特地烙上了一圈德文:"给燃烧雪茄的休养地。"如此市井诙谐的设计,让瓷器在保持其吸引人的外观的同时，卸下了神秘高贵的光圈，成为飞入寻常百姓家的世俗用品。这款烟灰缸突然抢手，订单纷至沓来，一些零售店铺的老板也前来打听如何代理销售。罗森塔尔的公司终于渡过了最初的难关。

此后，一批批产品从罗森塔尔的作坊流向市场。经过作坊的加工，素净的白瓷变得活泼生动起来，也更符合新兴市民阶层成员的审美趣味，让那些原本普通的家庭居室，因为有了彩色瓷器而变得更具档次，同时又不失其民间本色。不到一年，罗森塔尔瓷器就成了当地的特色礼品。

罗森塔尔不仅懂得如何营销定位，更懂得如何推广品牌。他相信好产品总会突破地域市场的限制。1880年，他带上一箱自家作坊生产的瓷器，去位于莱比锡的全德商品博览会凑热闹。以他当时的财力和名声，还租不到博览会的展台，于是他灵机一动，用箱子在展厅的入口处搭了个临时摊位，然后将几件最好的瓷器放在箱子上。前来参观展会的人行色匆匆，没有人注意到这个"小贩"，更没有人对他的瓷器感兴趣。罗森塔尔找来木板，在上面用潦草的字迹胡乱写下"预约已满，暂停营业"，随后煞有介事地放到摊位旁边，自己则低头在账簿上忙碌计算着什么。很快，招牌吸引了好奇的人们，他们纷纷聚拢过来，想看看这个年轻人到底有什么样的好东西……

第二年，罗森塔尔又准时来到了莱比锡。这次他还是租不起展台，但他至少有钱在展会旁边的旅馆租下一个房间，他将之命名为"瓷器展览室"。前来参观的人数还是少得可怜，于是他决定再玩一次饥饿营销的技巧，而且要比上次做得更加大胆。他在房间外打出招牌写道："订单爆满，恕不接待。"素以严谨习性著称的德国人从未想过会有这样的宣传，很多人都认定旅馆里藏着特别的时髦瓷器，登门的顾客络绎不绝。

随着利润增长，罗森塔尔毫不犹豫地在泽尔布市郊租下一座古堡，作为瓷器生产工场。有人觉得这是暴发户的炫富，也有人觉得将古堡作为生产场所是为瓷器做广告，还有人觉得这是罗森塔尔对未来抱有强烈信心。罗森塔尔并不在乎大家怎么想，他只管埋头苦干。1881年底，除了这对夫妻之外，古堡工场的人员已经增加到4名。他们在古堡的二层楼里为瓷器涂绘颜色，随后再将涂色完毕的粗瓷产品拿到地下室烙印。1883年，古堡的员工人数已增加到60名。

尽管置身古堡，但罗森塔尔很清楚不能和麦森这样的企业比拼传统。高端瓷器行业竞争激烈，他必须有意识地精准定位，才能在未来市场中获得一席之地。从此时开始，罗森塔尔确定了自身传达当代瓷器艺术理念的角色，其主要产品兼顾历史特点和流行趋势。在如此清晰的定位下，罗森塔尔逐步壮大，终于成为德国规模最大的瓷器制造商，也成为世界前列的陶瓷餐具品牌。

卡尔施塔特引领消费时尚

1871年，德意志帝国成立后，和平、统一、安定的社会环境推动了经济发展，拥有较多可支配收入的工薪家庭大量出现了。对零售业而言，这些消费人群是业绩不断增长的希望，他们也将成为19世纪后期德国百货公司腾飞的动力。卡尔施塔特就在此时登上了历史的舞台。

鲁道夫·卡尔施塔特出生在德国北部梅克伦堡的格雷沃斯米伦。他的父亲在这座城市经营染坊，生意做得有声有色。老年时，卡尔施塔特回忆起人生的起步阶段，坦然说自己绝非白手起家，而是一边享受着安逸的市民阶层生活，一边迎来最初的挑战。

1874 年，卡尔施塔特到了梅克伦堡的首府什未林城上学；父亲随之关闭了染坊，到那儿开了家布匹店。他放学后就会去帮忙整理货品、计算账目。中学结业后，他进店帮忙。此时，哥哥和姐姐已经在店里工作了。这种完全由家族经营的零售店，在梅克伦堡非常普遍，人们总是喜欢用家族姓氏来命名这样的哪怕再小的店铺。这类店铺由家族中的年长者负责经营，晚辈们则像学徒那样唯命是从。"卡尔施塔特布匹店"同样如此，黎明即起，日落而歇，严肃的父亲带着子女们忙忙碌碌，和左右相邻的店面并无二致。谁也不会想到，这个姓氏将在多年以后冠名一家位居世界前列的零售集团。

在严苛的家长制管理下，卡尔施塔特经历了充分的商业训练。他越来越熟悉梅克伦堡的市场特点，逐步了解德国各地布匹的需求行情，还跟随父亲关注不同商品的价格走向。

让卡尔施塔特印象最为深刻的是销售叫价方法：在梅克伦堡的零售店里，标价是含糊甚至缺失的，只有真正内行的老手才能清楚部分商品的批发价格。而杂货店主对所有商品的成本都了如指掌，因此能轻松利用信息差优势，根据顾客的特点来叫出不同的价格。在这样的城市里，人们彼此熟悉，店主轻而易举地就能了解谁最有钱，谁相对普通，谁又比较拮据，再报出每个人能接受的最高价格，由此获得最大的利润总和。不过，由于过分熟悉，赊账也是必不可少的形式，而且每当店主暗示顾客还账时，对方可能还会翻脸。

为什么欠债的人反而更理直气壮？少年卡尔施塔特百思不得其解，当他将叫价方式纳入思考体系中后，逐步发现了个中缘由。正因为店主动辄报出高价，顾客才会理直气壮地选择赊账，以"个人信用"来对抗店主的信息差优势。同样，店主为了追求利润的最大化可能，也不得不接受这种信用消费模式，尽管它缺乏担保并会积累风险。这种模式发展到最后，店主和顾客几乎都陷入了思维僵局，谁也说不清究竟是高价导致了赊账，还是赊账造成了高价。这种僵局可能拖垮店主，也可能让顾客一去再也不回头。

卡尔施塔特向父亲表达了疑虑，但父亲付之一笑。他认为如此经营方式是符合传统的，没有什么不妥。更何况以自家的能力，绝不会被区区赊账拖垮经营。而卡尔施塔特不这样想，他认为即便店主能巧妙地平衡经营局面，潜在的不良后果依然存在。由于现金流被赊账拖累，店主无法经常更新商品库存，很难跟上法兰克福、柏林这些大城市的流行时尚，也就注定在竞争中庸庸碌碌。

随着年龄增长，卡尔施塔特越来越想要尝试另一种零售商业模式。他抓住所有机会去影响家族中的每个人。理货时他劝说姐姐，去外地采购时他会反复和哥哥盘点账目，而当一家人就餐时，他又会暗示母亲站到自己这边。1881年，卡尔施塔特已25岁了，父亲此时终于相信他可以自立门户了，也可能是厌烦了这个思想叛逆的儿子。不管出于什么原因，父亲借给他3000马克并约定好了利息。

"拿上钱，去实现你的想法吧。"当父亲说出这句话时，就是卡尔施塔特有生以来最幸福的时刻。1881年5月14日，他和哥哥恩斯特、姐姐索菲在维斯马港镇开设了一家布匹店。按照梅克伦堡工商业管理法律，只有年满 30 周岁的人才能独立开店，因此这家商店名义上依然归其父亲所有，但实际管理权力都集中在卡尔施塔特手中。

新店开张的第一天，卡尔施塔特就向所有到店者明示了两条经营法则。第一，低价；第二，现金支付。顾客们疑惑地看着年轻的店主，想要搞清楚他哪来的信心拒绝赊账。卡尔施塔特则保证说，其产品价格必然会比其他店面便宜。

顾客们起初并不适应这种经营风格，他们习惯了拿起东西就走的痛快感，对每次必须付现钱的消费体验有些畏惧。几个月后，店里的生意还是很一般；到年底，哥哥和姐姐全部选择了撤股。

随着圣诞节和新年到来，维斯马港镇终于迎来了第一批吃螃蟹的人。他们货比三家后，确信卡尔施塔特说的最低价格没有说谎，便欣然支付现金，以当地最低价买走了时髦的布匹，作为给家人准备的礼物。消息一传十、十传百，到店购买者逐渐增加，卡尔施塔特手头的现金也随之充裕。

有了充沛的资金，卡尔施塔特可以尽情按照设想展开商业版图。他不断购入来自柏林等地的最时尚产品，包括纺织品、床上用品、手工艺品等，在原本有些偏僻的小镇掀起新的消费潮流。人们惊喜地发现，这个年轻人的小店里展示的货品种类，一点都不亚于什未林城大街旁的杂货店，于是新的订单纷至沓来。

1883 年，卡尔施塔特着手在吕贝克开设第一家分店。分店依然采用这样的经营方式，很快打破了当地固有的赊欠消费传统。此后，卡尔施塔特又在荷尔斯泰因、不伦瑞克，接连开设了新的分店，营业额迅速增长了 12 倍。

随着零售店数量的增加，卡尔施塔特在采购方面的话语权也增大了。刚开始时，他只销售纺织品、地毯、窗帘等普通产品，这是因为自家原本经营的是染料作坊，对产品制造了如指掌。现在，他更是直接选择从那些大中规模的生产厂商进货，这样就能有效地绕过中间商，将成本从每个环节中省下来。相比同时代的零售商，卡尔施塔特很早就发现集中采购能给旗下的每家分店带来更大的好处。后来，他果断将公司总部迁到柏林，因为柏林才是德国服装纺织制造业的核心，他必须在这里亲自坐镇负责集中采购。

除了采购环节外，卡尔施塔特还很重视另外两条经营原则。首先，他只在自有地产上开设分店，而且不进行地产抵押，以此确保经营的自主权。如果某个地区经营环境不佳，他可以迅速关闭店铺，进行撤退。此外，从长期角度观察，企业自有地产所带来的经营成本，相对要比租赁地产低廉，因为不会随着房地产价格的上升而遭遇提租的风险。

其次，卡尔施塔特很重视员工在其各自负责领域的自主性，他相信工人不是机器，只有当员工也成为企业的"合伙人"，他们才会对工作产生应有的热情，并在此基础上高效创新。为了让员工获得这样的角色感，卡尔施塔特的公司总是会支付比同行更高的薪酬，并努力为员工提供更好、更自由的工作环境。

时至今日，卡尔施塔特万乐集团已是欧洲最大的百货邮购集团，在世界 500 强企业中占有稳定的地位。

第4章

巨头崛起(1884—1905)

从19世纪下半叶开始,"电气革命"极大地改善了德国工业分布不均的状况,使得德国中南部因缺少煤铁而在第一次工业革命中未能繁荣起来的地区获得生机。莱茵河畔的法兰克福、纽伦堡等地迅速成为德国经济增长力量的发源地,电力技术的创新也为传统工业注入了新的能量。蒂森、博世等企业在钢铁、电气等重工业领域迅速成长,为德国迅速迈入先进工业国家行列装上了动力十足的马达。

卡特尔化是德国人集聚产业力量的另一个法宝。卡特尔是一种垄断组织形式,它是由生产相似产品的企业组成的联盟,通过某些协议或规定来控制产品的产量和价格,但联盟内的各个企业在生产、经营和财务上各自独立。加入卡特尔组织的企业可以通过合作而非竞争来共享实力,划分市场份额,实现共赢。

这一时期的德国政府很支持煤炭、钢铁等行业卡特尔化。从19世纪80年代开始,包括蒂森公司在内的多家德国企业发展势头迅猛,成为实力雄厚的大公司。这主要是因为德国工业的发展道路有别于其他工业国家,作为后起之秀,卡特尔组织使德国的重工业免遭资本主义发展初期常见的盛极而衰的危险。

与重工业呈现的力量感相比,德国人也在19世纪末开始享受速度带来的激情。德国的汽车业迎来了伟大的起跑时刻,赛车成为众多汽车品牌在群雄争霸中脱颖而出的最佳机会和最好广告。汽车速度的增加很大程度上取决于点火器能否平稳运转,合格可靠的点火器受到前所未有的关注。随着汽车逐渐摆脱奢侈品的定位,成为寻常百姓的交通工具,点火器制造业也发展为一项独立产业,博世集团因此迎来发展高峰。

电气工程制造业的繁荣也为德国另一大支柱产业——汽车制造业提供了强劲动力。随着卡尔·本茨研制的三轮机动车的专利获得批准,德国汽车制造业自此诞生,迅速发展为德国最大的产业部门,堪称德国工业中的"战斗机"。

蒂森的钢铁力量

到1884年，蒂森公司已然成为一家员工超过千人的制造企业，其出口业务占公司经营总额的20%到30%。蒂森公司创始人奥古斯特·蒂森的故事可以说是"美国钢铁大王"卡内基在德国的翻版。

蒂森出身于名望家庭，父亲是一位银行家。他从小就接受了最好的教育，毕业于比利时安特卫普著名的国际贸易学院，毕业后在父亲的银行工作了两年。这两年的工作经历使蒂森接触了大量的德国商人和小企业家，为他创业积累了人脉和经验。

蒂森在莱茵河畔的杜伊斯堡开始创业之旅——他建起一座小型箍钢厂（箍钢是一种中号条钢，现在一般称条钢）。虽然工厂效益不错，但是蒂森只做了几年就不干了，因为他觉得没有足够的自由。

此后，德意志的统一及政府颁布的一系列促进工业发展的政策，为众多有志青年提供了施展拳脚的广阔空间，地理位置优越、煤炭资源丰富的鲁尔地区更是商业冒险家们的首选之地。克虏伯家族就发迹于此，蒂森也迁居此地，创建蒂森联合公司，依然做钢铁生意。

当维也纳股市暴跌时，欧洲再次爆发经济危机，钢铁价格大跌，许多企业濒临破产。然而，蒂森联合公司却逆流而上，不仅生产规模扩大、工人增加，销售业绩也是一路上升。在老蒂森去世后，奥古斯特·蒂森的弟弟约瑟夫·蒂森关闭家族银行，成为蒂森箍钢厂的股东。

兄弟联手后，公司业务蒸蒸日上。为了开拓海外市场，蒂森还曾远游俄罗斯。到19世纪80年代时，蒂森联合公司走向发展的关键阶段。1886年，蒂森公司基本定型，旗下拥有箍钢厂、炼铁厂、钢板厂、钢管厂以及机械工程车间。

建立这些工厂是为了实现蒂森联合公司的发展目标——全方位地提供钢铁制品。为了稳定箍钢产量，蒂森公司开始涉足钢管产品，后又为生产大口径钢管而生产钢板。蒂森公司还利用焊接、压模和机械工程车间为客户量身定做特种产品。这种生产多样化、产品特色化与高产量的标准化生产方式，比美国那种只生产一两种标准化钢铁产品的经营模式更有优势，也更具国际竞争力。

蒂森始终坚持将产品生产技术和产品质量都保持在同行业最高水平，他不断向各部门负责人强调产品质量和按时交货的重要性。同时，他很舍得在新项目上投入大资金，而且注重听取负责具体业务的经理们的建议，哪怕是小经理提出的改进建议。

每当要确定新项目是否值得投资时，蒂森最关注的不是新技术的细节问题，而是投资的成本与回报率，所以他总是要求工程师和经理们提交详细的项目成本预算和新项目的回报率预测，以便他据此对业务进行整体估测。很少有人看到蒂森在办公室研究技术，他每天都埋首在浩瀚的账本和票据中。

另外，在蒂森看来，一名优秀的经理人所应具备的不仅仅是高超的技术能力，更应该有能够为公司创造更多利润的管理能力，因此"商业表现"就成为员工在蒂森公司能否晋升的关键，很多经理和工程师就因为没给客户提供最好的服务而被解雇。

蒂森钢管厂的第一任经理，曾经在技术创新上为公司作出过巨大贡献，仅仅因为一次产品交货没有满足客户需要就被突然解雇。蒂森认为部下的行为已经严重破坏了公司声誉，他所负责部门的业绩肯定会因此受到影响。还有一名工程师被解雇的原因是他将大部分时间花在产品设计和技术理论上，而不是花在客户身上。

蒂森选人用人有其高明之处，他能够一眼看出谁是优秀且意志坚强的领导者。只要某位经理的能力获得了蒂森的认可，他所提出的新项目会立马被同意，同样，不顶用的人也会被毫不留情地赶走。蒂森还大胆起用年轻人去担任重要职务，如弗兰茨·达尔担任蒂森工厂总工程师时才35岁，年仅27岁的丁凯巴克已经是蒂森机器公司的总会计师。

正当德国钢铁业纷纷卡特尔化之际，蒂森在一开始却是卡特尔的反对派。但是卡特尔在市场竞争中显示出的强大优势，迫使蒂森开始积极收购煤矿、炼钢、铁矿开采等上下游企业的股份，谋求实现企业的纵向联合以壮大实力。蒂森联合公司原本只是一家"单纯"的轧钢厂，工厂所需原料都从其他公司购买，但为了确保公司有充足的原料供应，蒂森大量收购地方煤矿和炼钢厂股份。

然而，随着德国企业的卡特尔化，蒂森公司还是面临燃料供应危机，所以，1890年，蒂森又收购了GDK公司的全部股份。GDK是一家位于莱茵—鲁尔河畔的大公司，从这里运煤到德国南部或国外市场都非常方便。蒂森还在杜伊斯堡以北的莱茵河畔建立了GDK条钢和钢管厂。1904年，蒂森积极筹建德国势力最大的钢铁企业卡特尔——钢铁工业协会，其影响之大，迫使德国另一家大型钢铁企业菲尼克斯也加入其中。通过这种联合，蒂森取代克虏伯，成为20世纪德国的"钢铁霸主"。

蒂森在企业经营上最了不起的手段是融资，他仅仅依靠财富和信贷就保证德国最大、资本最密集之一的企业资金充足。当然，这不是说他不需要银行贷款，相反，他的借贷资金并不少，而且和银行保持密切关系，但是他一直掌握主动权，不必受制于银行或监督董事会。德意志银行董事施力特评价："蒂森企业对信贷的依赖很大，但他又小心地避免与个别银行保持太亲密的关系。他对银行采取各个击破的战术。"[①]

另外，和那些靠发行股票筹集资金的钢铁公司不同，蒂森靠存留利润来扩大投资。在GDK年会上，蒂森分享经营之道："如果说过去15年我们已取得了巨大成功，那么这首先是因为在这些年我们没有分配一分一毫。"[②] 的确，在蒂森掌管GDK的40年中，股东们没拿到一分钱的红利，将利润用于再投资的策略是GDK长盛不衰的一个重要因素。一旦公司急需短期现金，蒂森就出售手中的有价证券，这是他用作公司预备资金和对付竞争对手的一件利器。由于蒂森公司的大部分财政资金都是他的私人财产，所以他在股市上的动作备受外界关注，成为众多投机商的风向标。

和许多企业家一样，在完成纵向联合之后，蒂森又面临如何组织和管理大公司的问题。对此，他选择康采恩模式，即母公司的下属公司是相互独立的法律实体，仅在财政和经营策略上服从母公司。权力分散的康采恩给了蒂森集团下属各个公司很大的灵活性，它们既可以在公司间相互信贷，也能直接与外部公司进行

[①] 托马斯·K.麦格劳.现代资本主义:三次工业革命中的成功者[M].赵文书,肖锁章,译.南京:江苏人民出版社,1999:221.

[②] 托马斯·K.麦格劳.现代资本主义:三次工业革命中的成功者[M].赵文书,肖锁章,译.南京:江苏人民出版社,1999:218.

信贷往来。

蒂森集团下属的机械工程公司和GDK炼钢厂的发展也充分体现了康采恩的优势。1884年机械工程部成立后，一直是公司的内部承包商和研究开发部，其生产的废气发电机成为蒂森康采恩节约能源的主要手段。此后，机械工程部发展为一家独立公司，并在短短几年内就成为德国最著名的机械工程企业——曼集团的强劲对手。

第二次工业革命的好风，将蒂森一路直送青云之上。到一战前夕，这家德国工业巨头已经有了5万名钢铁工人，年产钢铁上百万吨，同时成为德国最大的煤炭经营企业。从此时开始，蒂森就自建了铁路、码头和船舶，一时之间号称"鲁尔的洛克菲勒"。

在蒂森崛起的征途上，卡特尔是至关重要的工具。参与卡特尔的企业相互协调后分配市场、统一调节商品价格，在市场上团结为呼风唤雨的垄断力量。在蒂森的示范带动下，到20世纪初，卡特尔组织在德国各大行业中已成主宰。1905年，德国的卡特尔数量共有385个，参加企业多达1.2万个，此时还没有参加卡特尔的企业几乎也就丧失了未来。随着卡特尔在德国企业深入人心，更为集中的垄断形式也正在路上。

戴姆勒锻造"汽车之心"

进入20世纪后，与奔驰车日趋注重功能相反，其竞争对手戴姆勒公司推出的汽车车型曲线更加优美，重量更加轻盈，车速比奔驰车快很多，吸引了更多目光，成为新时代的宠儿。能做到这一点，与戴姆勒在1884年发明的发动机密不可分。

戴姆勒公司的创始人之一——戈特利布·戴姆勒，在汽车界的地位与卡尔·本茨不分伯仲，以致后人常把戴姆勒和本茨并称为汽车的发明者。两位汽车鼻祖的居住地仅相距80公里，但是二人素昧平生，可他们创业时期的某些经历却又惊人地相似。和卡尔·本茨一样，戴姆勒也始终致力于汽车性能的提高，但比卡尔·本茨略胜一筹的是，戴姆勒一直努力让汽车做到"内外兼修"，他比卡尔·本茨更具有创新精神。

戈特利布·戴姆勒年近40岁才进入多伊茨汽油发动机厂，开始研制汽车发动机，入行已经算是很晚了。

在此之前，戴姆勒曾做过枪械师的学徒和火车头制造厂的工人。后来为了提高机械制造技能，他去斯图加特技术学校进修学习，还到法国、英国留学打工。29岁时，戴姆勒回到德国，在一家公司担任工程师，并结识了一生的挚友、创业伙伴威廉·迈巴赫。这些经历为他以后从事发动机制造打下良好的基础。

在多伊茨发动机厂工作期间，戴姆勒发现奥托的四冲程发动机点火器存在缺陷，无法形成较高的转速。动手能力强且机械知识丰富的戴姆勒决心改进现有发动机，制造出轻型高速的发动机。在多伊茨工厂工作了10年后，因为新发动机的研制问题，戴姆勒被工厂辞退。随后，戴姆勒带上迈巴赫一起探索发动机的新世界。后来，戴姆勒一家搬到斯图加特郊外康斯塔特小城的陶本海姆街13号，新房子所附的温室被改成车间。迈巴赫追随戴姆勒搬到了康斯塔特，两家距离非常近。

戴姆勒与迈巴赫的主攻方向是发动机，他们研制出新的点火系统，提高了发动机的转速，并大大缩小了发动机的体积。在苦心孤诣的研制后，转速达 600 转/分、重 60 公斤、功率 0.307 千瓦的单缸立式发动机终于被戴姆勒打磨出来。1884 年，戴姆勒为其申请的专利获得通过。这台发动机就是后来汽车汽油发动机和航空汽油发动机的真正鼻祖。

由于该发动机体积小、占地少、转速快，最适合交通工具使用，所以戴姆勒和迈巴赫直接将其装在自行车上，申请"骑式机动双轮车"专利。1885 年，临近不惑之年的迈巴赫犹如一名即将奔赴战场的骑士，只是将坐骑换成了摩托车，完成了人类历史上的摩托车驾驶首秀，3 千米的路程让戴姆勒和迈巴赫从此变身"摩托车之父"。

1886 年，卡尔·本茨拿到世界上第一张汽车专利证。也是在这一年，世界上第一辆四轮汽车被研制出来。这辆汽车是戴姆勒根据马车的构造，把一台功率达 1.5 马力的立式发动机安装在马车后部而制成的，车上还安装了摩擦式离合器和可换 2 挡的变速器。1887 年，戴姆勒驾驶这辆四轮汽车从斯图加特到达康斯塔特，在当地引起了不小的轰动。

汽车试验成功后，戴姆勒开始转战船用发动机行业（当时轮船是主要运输工具，市场需求大）。他拿出所有积蓄建造船只发动机工厂，初期发展不错，但很快陷入困境。

1890 年，戴姆勒和杜滕霍费尔、洛伦兹各自出资 20 万马克组建戴姆勒发动机公司。应戴姆勒的要求，迈巴赫担任公司技术主管。因为对合同条款不满，迈巴赫仅工作一年就离开了公司。不过，戴姆勒和迈巴赫的关系并没有因此终止。1892 年，在戴姆勒的资助下，迈巴赫租了赫尔曼酒店的花园大厅，将其改造成车间，以便专心搞研究。在这里，迈巴赫研制出了喷嘴化油器和"凤凰"

牌发动机。

然而，在对公司主打产品的定位上，戴姆勒和杜滕霍费尔等人发生了严重分歧。戴姆勒认为，汽车的市场潜力大，应作为生产重点，而杜滕霍费尔则主张公司应始终专注于生产利润丰厚的发动机。两人意见无法统一，激化了公司董事之间的矛盾。另外，缺少迈巴赫的戴姆勒发动机公司经营状况每况愈下，戴姆勒也受到其他两位合伙人的排挤。

1894年，疾病缠身的戴姆勒被威胁要么偿还公司的银行贷款，要么转让股份。迫于无奈，戴姆勒转让股份，离开公司。就在这一年，装有戴姆勒发动机的汽车在巴黎汽车赛中拔得头筹，也算给戴姆勒带来些许安慰。

1895年，英国的一家财团提出以35万马克的高价买断戴姆勒发动机的使用权，但条件是戴姆勒发动机公司要恢复戴姆勒和迈巴赫的职务。虽然杜滕霍费尔等人心有不甘，但公司亏损的境况让他们别无选择，只能同意。

戴姆勒和迈巴赫重返公司，并将公司更名为戴姆勒汽车股份有限公司。1899年，戴姆勒发动机的点火装置由热管型改进为电点火，原本的喷嘴化油器也被改造为喷雾型化油器。这样一来，戴姆勒发动机更加完美，还被应用到了飞机上。

1900年，戴姆勒撒手人寰，他的事业以遗憾画上了句点。尽管以他的名字命名了戴姆勒发动机和汽车，但他却并没有见到这家公司日后最为著名的"戴姆勒－梅赛德斯"汽车品牌的问世。纵然如此，他的研究成果始终激励着这家企业，为日趋发达的汽车产业源源不断地打造着强大的产品心脏。

欧宝为平民造车

作为汽车发源地，德国在19世纪末20世纪初不断上演一幕幕"速度与激情"的商业大片。从1886年卡尔·本茨制造出世界第一辆汽车开始，德国汽车便一直领跑世界汽车行业，成为技术创新的开拓者、卓越性能的倡导者以及发展方向的定调者。时至今日，在世界汽车工业前十位的排名中，德国汽车占据三席，足见其在全球汽车界的影响力。

有别于美国汽车的大众化路线，德国汽车走的是豪华路线，产品兼具尊贵典雅、大气舒适、个性张扬的贵族气质。更重要的是，德系汽车的魅力，不在于产量，而在于品质，从梅赛德斯－奔驰到迈巴赫再到奥迪，以及后来的保时捷、大众，这些享誉世界的名字已经成为品质、品位和安全的代名词。德国汽车品牌始终把技术领先作为企业的核心发展战略，以高度专业化的生产战略为目标客户群提供比竞争对手更好的服务。加上德国政府的大力支持，德系汽车历经百年而长盛不衰。

不过，在追求个性张扬、尊贵雍容的德系汽车里，欧宝汽车属于另类。从诞生的那一天起，它那大众型汽车的定位、务实严谨的公司风格、低价优质的品牌保证，犹如其品牌标志——"闪电"划破长空那样，以势如破竹的气势迅速抢占汽车市场。其产品销量在20世纪20年代一举超越奔驰、奥迪等众多品牌，在欧洲汽车界独领风骚，成为知名的德国平民汽车家族。

时过境迁，又有多少人知道，如此特立独行的德国平民汽车品牌，其实发轫于缝纫机厂。

欧宝的创始人亚当·欧宝在德国吕塞尔斯海姆出生。后来欧宝游学欧洲，在巴黎时，一个偶然的机会让他学会了缝纫机制造技术，他被能够织造出整齐针脚的缝纫机的魅力完全折服。19世纪60年代，欧宝回到德国，在家乡吕塞尔斯海姆创建了一家缝纫机制造工厂，进行批量化生产。

在那个年代，缝纫机的价格相当昂贵，算得上奢侈品。而工业化生产的魅力就在于消除部分商品的身份象征，降低人们为提高生活质量所要支付的成本。让产品更加亲民。欧宝就是这样一位让奢侈品变得物美价廉的企业家，为大多数人提供优质低价的产品也成为欧宝公司的核心经营理念。由于积极采用最先进的生产技术，欧宝缝纫机厂的发展速度飞快，数年内生产总量就突破100万台，堪称奇迹。

正当欧宝公司迎来事业高峰的时候，1887年，突如其来的大火将工厂烧成灰烬，所有成就灰飞烟灭。面对始料未及的毁灭性打击，亚当·欧宝没有一蹶不振，他从废墟里捡回生产器具，再引入新的设备，除缝纫机外又开始生产自行车。这场大火让德国失去了一家专业的缝纫机制造厂，却造就了"平民车辆之王"。

除了生产自行车，欧宝对新兴的汽车工业也产生了浓厚的兴趣。他和德国早期汽车研究者鲁庞曼深入交流后，更加确信这种机械驱动的车辆会是未来交通发展的重要方向。于是，欧宝果断提供厂房，建立"欧宝汽车俱乐部"，用来研究和试制汽车。

此时，欧宝制造自行车的经营理念，已预示着其未来制造汽车的产品方向，即为普通大众提供更多质优价廉的商品。通过最新技术的应用和严格的质量把关，欧宝牌自行车被公认为德国性价比最高的自行车，短短几年就成为世界上最大的自行车生产商，1895 年的产量就达到了 2000 辆。就在这一年，亚当·欧宝辞世，由他的五个儿子继承家族事业。

接过父亲留下的企业，欧宝兄弟抓住新的机会。此时，汽车制造业作为新兴产业逐渐崭露头角。商业嗅觉敏锐的欧宝兄弟果断出手，进击汽车行业。1899 年，威廉·欧宝和弗里茨·欧宝创办了欧宝汽车制造公司。他们将家族创业 30 多年来的机械制造经验充分投入汽车生产，推出第一辆欧宝汽车"System Lutzman"。这是一款三座、单缸发动机的敞篷车，功率为 3.5 马力，是人类汽车制造史上的早期代表之一。尽管当时亚当·欧宝已不在人世，无法主持汽车产品的销售，但孩子们还是秉承了他的市场营销原则，努力为更多人提供买得起的交通工具。但遗憾的是，因为性能不佳，这款车的市场反应并不理想，即便售价低廉也无人问津，仅生产了数十辆就被迫停产了。

为获得产品性能上的突破，1902 年，欧宝公司和法国迪亚克合作，推出欧宝-迪亚克汽车。这辆"混血儿"汽车的底盘出自迪亚克，车身设计则由欧宝公司负责，而其最亮眼的还是其发动机功率。由于采用了内藏式水泵设计的双汽缸引擎，这款车的发动机马力比欧宝的第一款汽车提高了两倍多。凭借优美靓丽的外形和动力十足的发动机，再加上普通人能买得起的价格，欧宝-迪亚克汽车受到德国平民的广泛欢迎。很快，欧宝兄弟便开始自主设计底盘，真正意义上的欧宝汽车就此问世。

眼看着销量快速增加，欧宝公司在柏林建立了生产线，产能迅速提升，产量突破 1000 辆大关。与此同时，其产品质量也大幅提升，在陶努斯山汽车拉力赛中获得象征德国最佳汽车地位的"恺撒"奖。随后，欧宝瞄准中低档家庭型汽车市场而推出的"Doktor Wangen"车型，成为德国平价汽车的代表。

命运总是在跌宕起伏、峰回路转中造就人生精彩。20世纪初，又一场大火吞噬了正处于上升期的欧宝汽车制造厂。然而，欧宝家族绝处逢生，不但迅速重建厂房，而且干脆放弃了缝纫机和自行车生产事业，全力以赴投入最先进的汽车生产设备和制造工艺，这让企业生产效率大大提高，很快迎来了第一万辆汽车的诞生。到第一次世界大战爆发之前，欧宝公司已经成为德国最大的汽车生产商，他们率先建成了45米长的流水生产线，汽车年产量达到3335辆。到一战期间，欧宝公司由于表现突出，被德国皇室封为贵族而赐姓"冯"（Von）[①]。

由于一战影响，欧宝的汽车制造事业受到阻碍。但这并没有阻挡欧宝兄弟出去学习的决心。后来，他们专门赴美访问，向福特取经。在福特看到的一切，都让他们大开眼界。他们决定全面改变原有的生产方式。此后，欧宝家族斥巨资对工厂进行改造，建成了德国第一条移动式汽车装配流水线。整个20世纪20年代，欧宝汽车的产量猛增，其流水线的批量生产方式、价格低廉的经营路线与福特汽车都十分相近，弗里茨·欧宝由此被誉为"德国福特"。

短短30多年的时间里，欧宝公司由最初的缝纫机厂变身汽车大鳄，与其勇于创新的精神分不开。正如闪电标志所蕴含的深意，欧宝公司永远不满足现状，始终坚持技术引领生产，并实现自我突破。当然，坚持追求最优性价比也是欧宝汽车获得市场广泛认可的关键因素。

---

① Von：从16世纪开始，"Von"逐渐被用于标识德语国家的贵族身份。

博世用电点燃发动机

1884年，一位刚到美国的德国年轻人，带着威廉·佐依贝尔（德国有名的电气工程师）写给贝格曼的推荐信，到贝格曼公司应聘。贝格曼让他做工程师，周薪8美元。这位年轻人叫罗伯特·博世，而他就是后来世界电器巨头博世集团的创始人。

罗伯特·博世出生在德国乌尔姆的一个小村庄，在父母12个子女中排行十一。父母是当地的富农，父亲塞瓦迪乌斯·博世是共济会成员，十分注重对子女的教育。在父亲的精心培养下，罗伯特·博世个性鲜明、喜欢独立思考。

读完中学，博世决定出门闯荡。只是理想和现实的差距总是很大，在几家小公司做了一段时间的学徒工后，博世便回到家乡乌尔姆服兵役。退役后，他在舒科特公司谋得一个职位。

学徒经历让博世深感在技术知识和理论上的不足，于是他毅然决定继续求学深造，就读于斯图加特高等综合技术学院，师从著名电气工程学教授威廉·迪特里希。而后，勤奋好学的博世以优异成绩毕业，并于1884年漂洋过海到美国打拼事业，在电气工程新锐贝格曼的工厂工作。1885年，博世又来到英国，在西门子兄弟公司制造仪器。

几年辗转求学之后，罗伯特·博世终于决定创业。1886年11月，公司成立，主要生产精密仪器和电机设备。公司成立之初只是一个小手工车间，仅有一名机械师和一名学徒，启动资金也非常少。真正让博世集团崛起的是内燃机火花塞的发明。

早在 19 世纪 60 年代，煤气日渐成为发电的能源。1861 年，尼古拉斯·奥托和欧根·朗根合作研制出一台煤气电动机。1876 年，奥托为使用活塞运转法的"四步"发动机申请专利。这种新型发动机后来由多伊茨汽油发动机厂进行研制并推广应用，担任该厂技术经理的是未来的汽车大鳄戈特利布·戴姆勒。

1887 年，忙着研制内燃发动机的戴姆勒找到博世，请他帮忙改进已在多伊茨工厂使用的燃烧管点火器。在博世得知点火器的任何部分都可以取得专利权后，对多伊茨厂的点火器做了突破性改进，发明了磁电机点火器，这种点火器安装在固定的气体内燃机内，能够产生电火花来引燃内燃机中的混合气体，从而驱动机器运转。

1890 年，博世决定将他的点火器样品送到柏林展览会上展出。尽管他耗费几天时间在展台上讲解这台复杂的点火装置，但是观众却寥寥无几，以致他都没机会演示他的发明。所以，主办方只颁给博世一个安慰奖。

博世并不需要这样的"安慰"，他对产品十分有信心。博世点火器首先在汽车发烧友圈子里被热捧，甚至在汽车制造商大规模使用前，司机们就已经喜欢上了这种点火器。他们将博世点火器安装在新车或旧车上。但是，不同车型的发动机在车身内的位置并不完全相同，而博世公司只供应点火装置，并不生产配套的发动机联动装置。这样，博世点火器在使用过程中，就很容易由于车型不匹配而出现问题。

为了让司机们明白问题的根源不在博世点火器上，而是适用性的问题，博世亲自派人解决问题，消除大众对点火器的误解。在这一过程中，博世认识到治本之策是生产出能够独立于发动机、独立于各种不同联动装置的点火器。

真正让博世意识到应该将点火器加以优化的人，是英国人弗雷德里克·西姆斯。

西姆斯是戴姆勒发电机在英国的销售代理。这位技术敏锐的工程师兼商人对博世点火器产生了浓厚兴趣。他认为，如果博世的点火器能真正被证明适用于任何汽车发动机的话，不仅可以提高戴姆勒发动机在英国的销售量，还能让他从销售博世点火器中获得额外利润。

为了验证这一想法，西姆斯来到德国斯图加特，送给博世一辆法国汽车制造商德戴恩制造的三轮汽车，要博世给车装上点火器。1897年，罗伯特·博世第一次成功将研发生产的点火器安装到这款汽车的发动机上，解决了汽车的点火器问题。这种经过优化的点火器，被称为博世火花塞，火花塞的图形也就此成为博世集团的标志。

1898年，戴姆勒发动机公司与博世公司签下第一批订单。戴姆勒把博世火花塞安装在汽车上，试驾效果不错。尽管这次试验并没有给人留下深刻印象，但西姆斯却计划让戴姆勒发动机公司收购博世公司。他游说戴姆勒发动机公司董事杜滕霍费尔与博世谈判，但因为价码问题，博世与戴姆勒发动机公司的谈判不欢而散。博世公司得以以独立公司的身份继续发展。

后来，西姆斯向博世提议，由他做博世火花塞在英国的代理商，并为此专门成立了一个制造公司，批量生产博世火花塞。1899年，西姆斯成为博世的最大客户。西姆斯不仅为博世成功打开了英国市场，还为其获得了法国的认可。紧接着，西姆斯说服博世，由他出钱，由博世贡献专利，一起合作成立一家公司。但是由于双方在法国的合作并不愉快，西姆斯一心独揽公司领导权，与博世之间的矛盾摩擦增多，后来二人分道扬镳。

博世和戴姆勒之间的关系似乎也不融洽。博世十分欣赏戴姆勒在发动机上的杰出成就，但戴姆勒似乎并不买博世的账。在戴姆勒看来，博世只是个初出茅庐的毛头小子，而公司董事会却试图说服他购买这个年轻人的点火器，这种产品他早在20年前就有过设计方案。于是，在交往中，博世总是会感觉到戴姆勒对自己的疏远，他在回忆录里写道："戴姆勒恨我，给我制造许多困难。"但是博世要做生意，与戴姆勒的联系十分重要。当然，博世也不是那种会为利益而卑躬屈膝的人。他选择等待。

没过多久，戴姆勒发动机公司便主动找博世谈合作。这并不意味着戴姆勒向博世低头，而是为公司长远发展考虑的结果。此次合作的实现，埃米尔·耶利内克起了关键作用。作为汽车发烧友，耶利内克熟悉各种汽车发动机，他发现戴姆勒的发动机性能最好，但是车身的建造、外观的设计以及汽车安全性能等方面还需要改进。他向戴姆勒公司提议，如果公司能实现他的要求，他将能承担戴姆勒汽车的主要销售工作。

耶利内克首先提出的要求就是，汽车产品必须尽可能安全，而且尽可能地减轻重量。博世公司的火花塞与燃烧管点火器相比既安全又轻便，因此成为最佳选择。

1900年，新一代戴姆勒汽车诞生，冠以耶利内克大女儿的名字——梅赛德斯。这辆汽车采用钢制的车身，配备轻型发动机，在赛场上战无不胜，成为赛车界明星。它不仅为戴姆勒公司赢得无数荣誉，也是汽车发展史上的一个里程碑。梅赛德斯的成功，也是博世公司的成功，因为博世员工可以骄傲地宣布，博世公司的火花塞是梅赛德斯汽车取得成功的前提。从此，博世公司在汽车界声名鹊起。

奔驰与"现代汽车之父"

1886年7月3日，卡尔·本茨驾驶一辆三轮汽车行驶在曼海姆的街道上。尽管只走了1千米，卡尔·本茨却开创了一个新时代，他本人因此被称为"现代汽车之父"。

卡尔·本茨从小就表现出过人的动手能力。16岁时，本茨进入卡尔斯鲁厄应用技术大学，系统学习了机械原理、机械制造及发动机结构等课程。他最感兴趣的是发动机原理和构造。

大学毕业后，本茨在一家机械厂工作，这为他以后制造汽车积累了实践经验。痴迷机械的本茨在工作之余，潜心研究"自行车"（并非现代意义上的自行车，而是一种接近汽车的机械驱动车）。1872年，他和一名机械师合伙创办了一家冶金铸造和机械制造公司，进军机动车动力装置领域。

在本茨之前，已有多位工程师在汽车动力装置领域有所建树。早在18世纪中后期，法国人古诺就制造了世界上第一辆可以坐人的蒸汽机汽车。但是这种汽车体积庞大、速度慢、噪声大，而且经常熄火，很快被历史淘汰。19世纪30年代，英国人亨纳特发明的内燃机点火装置，被称为"世界汽车史上的一场革命"。20年后，法国工程师洛纳因发明了世界上第一只用陶瓷绝缘材料制成的电点火火花塞。1862年，法国电器工程师莱诺研制出了二冲程内燃机。

而汽车动力史上的突破性进展则是德国工程师奥托在19世纪

中叶制造出来的往复活塞式四冲程内燃机。后来，出于推动整个行业发展的想法，奥托宣布放弃四冲程内燃机的专利，任何人都可以生产这种内燃机。这样一来，世界上第一辆真正汽车的诞生时间被大大提前。在汽车发动机产业欣欣向荣的同时，诸如橡胶轮胎、铅酸蓄电池等其他汽车配件也相继问世。

然而，本茨的公司开业不久就遇到了经济危机，濒临破产，公司合伙人离去。这时，卡尔·本茨的未婚妻贝塔·英格毅然拿出嫁妆支持本茨的事业，使公司暂时脱险。

为彻底摆脱公司经营困境，卡尔·本茨集中精力研究发动机。19世纪70年代末，本茨的第一台二冲程发动机运行成功，公司因此重获新生。不久，本茨又研制出转速调节器和电池打火器。之后，卡尔·本茨的机械公司改制为股份公司，更名为曼海姆燃气发动机厂。改制后，他只有5%的股份，在经营上完全没有话语权，而且其他合伙人不断干涉他的研发工作。一气之下，本茨愤然离开了亲手创办的企业。

幸运的是，他很快又找到了志同道合的自行车商罗泽和艾斯凌格，三人联合成立了莱茵燃气发动机厂。充满自由、效益良好的新公司让卡尔·本茨有更多时间和精力去实现"建造一辆真正的汽车的梦想"[1]。1885年，本茨成功研制出单缸汽油发动机，并于当年秋天制造出世界上第一辆装有单缸汽油发动机的三轮汽车。这辆车已初步具备了钢管车架、后轮驱动、前轮转向节、水冷循环等现代汽车的特征。

---

[1] 莱斯利·巴特菲尔德. 激情不灭——梅赛德斯-奔驰品牌故事[M]. 郭峰, 何明科, 王洪浩, 等译. 北京: 电子工业出版社, 2007:67.

1886年1月29日，卡尔·本茨在为"安装有汽油发动机的交通工具"申请专利时，可能还没有意识到这个代步工具将来会改变整个世界。德意志帝国专利局为卡尔·本茨颁发了这个星球上第一张汽车专利证书，同时标志着全球第一辆汽车正式诞生。

本茨在曼海姆大街的"处女秀"并不顺利。这辆汽车因为性能不够好，在行驶中多次出现熄火、抛锚等问题，而被围观的人嘲笑，曼海姆当地的报纸就此把这辆车定性为无用的废物。

然而，任何伟大发明的成功都不可能一蹴而就，唯有如此，人类才有不断进步的空间和不断到来的惊喜。这些小挫折并没有让本茨丧失斗志，相反，他投入更多的时间去钻研提升汽车性能的方法。

为了验证改进后的奔驰1号车的性能，1888年的一天早晨，已经成为卡尔·本茨妻子的贝塔·本茨悄悄带上两个孩子开着奔驰1号车回家看望母亲。虽然整个旅程不过100多公里，路上也出现了不少问题，但这次旅行却是人类历史上第一次驾驶汽车长途旅行，贝塔在不经意间创造了一项世界纪录。

在1888年的德国慕尼黑产业博览会上，本茨成功展示了奔驰1号车的驾驶性能，吸引来不少客商。同时参展的还有奔驰公司新生产的2号汽车，该车附有使用说明书，并在慕尼黑产业博览会上获得金奖。

1893年，本茨根据客户需求推出"维多利亚"牌对座四轮汽车，大受欢迎，一年就卖出69辆。1894年，在"维多利亚"车型的基础上，卡尔·本茨研制出世界上第一辆应用前轮转向节、充气橡胶轮胎和发动机后置等最新技术的"维洛"牌双人座小客车，由此揭开了批量生产汽车的新篇章。"维洛"迅速走红全世界。

严谨、保守的德国式性格在卡尔·本茨身上体现得淋漓尽致，这种个性同样反映在奔驰汽车的生产和发展上，朴实而非奢华、功能而非速度逐渐成为奔驰汽车的特质。在"维洛"推出后的十几年间，奔驰所有的车型外观几乎都没变过。单就外观而言，和同时代的其他汽车相比，笨重、简单的奔驰显得有些"过时"。

然而，奔驰汽车的性能却始终领先，因为卡尔·本茨最注重的就是汽车性能的稳定，他认为汽车是"实现自由运动的愿望"，而非"富人们用来炫耀的珠宝"[1]。这也是奔驰汽车长期占据汽车业领军位置的关键因素。1900年，奔驰公司依然是世界汽车行业的老大，年产量在600辆以上，是同一时期戴姆勒公司年产量的6倍多。

但是，过度谨慎保守的经营原则渐渐成为奔驰公司进一步发展的障碍。随着汽车的普及，人们越来越追求速度的快感和时尚的设计。1900年以后，古董级的奔驰汽车的销量开始下滑。当然，这并不影响奔驰品牌的迅猛发展，它将在日后与戴姆勒合并，以"梅赛德斯–奔驰"的名字走向全世界，成为德国汽车的重要形象代表。

---

[1] 莱斯利·巴特菲尔德. 激情不灭——梅赛德斯–奔驰品牌故事[M]. 郭峰, 何明科, 王洪浩, 等译. 北京: 电子工业出版社, 2007:81.

第5章

品牌群星闪耀时（1906—1920）

从19世纪下半叶到第一次世界大战前的60年内，德国经济的发展进程一路高歌。在迈入新世纪后，德国逐渐诞生了独有的品牌文化。

品牌文化，是企业品牌营销与传统文化碰撞而产生的文化。今天说到德国品牌，基本就意味着品质的保证。但德国品牌的形成，也并不是一帆风顺的，也经历了从不被认可到被认可的过程。

1887年8月，英国议会曾修改《商品法》条款，规定英国本土或者殖民地市场所进口的一切德国产品都必须标明"德国制造"，以此将其与优质的英国产品区分开来。对此，德国人没有辩解和抗议，而是冷静反思，找到了民族文化基因内蕴含的反制武器。

19世纪晚期，随着德国政商领袖们意识到民族企业品牌的重要性，德国企业的文化底色开始逐步形成。无论是侧重生产技术的汽车工业，还是侧重市场营销的生活消费行业，此时的德国企业从组织架构、产品形态、生产销售、客户服务等各方面着手，进行全面的文化塑造，形成了共有的产品特性。他们致力于提高产品质量，致力于创新设计，致力于产品的多元化、企业的规模化，展开了一场场提升品牌号召力的战役。

奥迪创业维艰

从 1906 年到 1920 年，德国商业界逐步意识到打造民族品牌的重要性，最先将品牌化作为重要竞争手段的是汽车企业。

榜样的力量总是伟大的，有了卡尔·本茨、戈特利布·戴姆勒、威廉·迈巴赫等汽车开拓者的铺路和示范，德国汽车业蒸蒸日上。无数志存高远的年轻人沿着他们的足迹，以饱满的热情和大无畏的精神投入充满挑战和机遇的汽车世界。奥古斯特·霍希就是这创业大军中的一员，颇有青出于蓝而胜于蓝的气势。

奥古斯特·霍希最初的职业是和汽车不沾边的铁匠。学历虽然不高，但霍希对汽车和发动机制造很有研究，成功应聘到奔驰公司的发动机制造部门，不久就晋升为汽车制造部门经理。伟大的创造往往先从模仿开始，在奔驰公司积累了一定的实践经验后，霍希辞去高管职位开始创业。

19 世纪和 20 世纪之交，孕育着未来著名汽车品牌——奥迪的奥古斯特·霍希公司在科隆正式成立。作为一个后来者，要想同奔驰、戴姆勒等老牌汽车竞争，就必须有独一无二的优势。霍希公司的主要创新点是首次将铸铝技术应用于发动机和变速器壳的制造，并且最早生产了电力传输元件万向轴和高强度的钢齿轮。

成立不久后，霍希着眼于长远发展，决定将公司迁到家乡萨克森，那里是德国工商业更为活跃的地区。迁到萨克森后，霍希开始生产两缸发动机汽车。1904 年，公司最终落脚音乐家舒曼的故乡——茨维考，开始生产 4 缸发动机汽车。这里除了有听觉盛宴，最重要的是刚刚兴起的工业新城适合年轻的霍希公司生存发展。

凭借精湛的工艺和过硬的技术，霍希4缸发动机汽车在路况最复杂、距离最长的汽车拉力赛中一战成名，夺得冠军。1908年，霍希公司的汽车销量突破100辆。

然而，历史总是惊人地相似，奥古斯特·霍希也碰到了和本茨、戴姆勒、迈巴赫等企业家一样的遭遇——与投资人在经营理念上的分歧越来越大，作为发明家的霍希更关注汽车技术的提高，而其他人关心的则是资本回报率问题。

1909年6月，霍希研制的6缸发动机汽车试验失败，矛盾激化，霍希与投资人发生激烈争吵，一气之下，离开公司。鉴于"霍希"已经成为著名商标，精明的霍希公司董事会便以最快的速度注册了20多种商标，涵盖了任何可能与"霍希"关联的名称及相关的技术产品，目的就是防止奥古斯特·霍希通过法律途径夺回公司。

从不向命运屈服的霍希在不到一个月的时间里重振旗鼓、另起炉灶，创办奥古斯特·霍希汽车公司，地址就选在奥古斯特·霍希公司对面，可谓贴身肉搏。不久，两家公司就因为公司名称问题对簿公堂，互相指认对方的侵权行为。经过半年多的拉锯战，霍希败诉，并且被禁止使用自己的名字注册新公司。此后，霍希本人无法在商业活动中使用"霍希"的品牌，尽管这就是他的名字。

恼怒的霍希也只能压住怒火，约齐同事，到合伙人菲肯彻尔家里讨论此事。当天，他们想了很多名字，但没有一个可以和"霍希"既不雷同又有联系。正当众人愁眉不展之际，在一旁写作业的菲肯彻尔的儿子突然说："爸爸，为什么不叫奥迪呢？"原来，"霍希"（Horch）一词的德语本意是"听"，"听"在拉丁文中写作"Audi",而且奥迪叫起来也比霍希要响亮得多。

于是,一个具有世界影响力的汽车品牌——奥迪就在童言戏语中诞生了,它以西方最古老的语言形式连接起新老霍希汽车公司。1910年4月25日,奥迪公司正式在茨维考注册成立,并在同一年推出第一辆奥迪牌汽车。

奥迪汽车同样坚守奥古斯特·霍希制造汽车的原则,即始终生产动力强劲且质量优良的汽车。一战爆发前,奥迪作为一个年轻品牌,在世界公认路况最差、距离最长的汽车拉力赛中频频摘得桂冠。由于汽车拉力赛举办规模大、参与者集中,赛事产生的社会影响力也较大,奥迪在众多汽车品牌中脱颖而出,跻身世界豪华汽车之列。

凭借卓越的品质,奥迪生产的D型车于1914年被指定为萨克森国王和政府专用车,并很快在汽车的日产量上超过风头正盛的霍希汽车公司。能够取得如此骄人成绩的一个关键因素在于,奥迪汽车公司始终坚持不断创新。奥古斯特·霍希率领的奥迪汽车研发团队主攻汽车的操控性和可靠性,如自主研发设计出液压4轮制动系统,最先创立汽车方向盘左置技术,还将排挡杆移到汽车中部,使得驾驶更加人性化。到20世纪20年代初期,奥迪公司推出的6缸发动机汽车装有空气过滤器,开创了汽车行业的先河。此后,空气过滤器成为汽车的一个必备配件。

20年代中期,霍希汽车公司首次推出德国第一款8缸豪华轿车——霍希8型303普尔曼轿车,并成为德国唯一一个只生产8缸以上顶级豪华轿车的公司。然而,霍希公司的风头很快被奥迪公司盖过。奥迪公司重磅推出R型豪华轿车"执政官",装备8缸发动机,功率高达100马力,5.2米长的车身彰显出奥迪汽车的尊贵、气派，成为德国当时技术最先进的豪华轿车。

遗憾的是，奥迪汽车公司刚刚壮大便遇到了20世纪30年代的全球经济危机，豪华轿车市场因此大幅度萎缩，奥迪汽车年销量仅200多辆。[①] 为应对这场经济危机，奥迪公司最终同霍希公司冰释前嫌，走上品牌联合之路，成就了后来的"四环"奥迪。

雅各布斯：德国最受欢迎的咖啡

时至今日，德国人依然爱喝咖啡。和美国、澳大利亚消费者喜欢机器制作、混合奶沫的口味不同，德国消费者依然坚定地保持着从17世纪以来的传统，对黑咖啡一往情深。在这个民族和咖啡的数百年情缘历程中，诞生了令人难忘的咖啡品牌，那就是雅各布斯。

1906年，约翰·雅各布斯在不来梅的奥伯恩大街6号租下门面，建起了自己的第一家咖啡豆烘焙工坊。当第一炉样品出厂时，他将脸凑近咖啡豆，深深吸入浓烈的咖啡香气，这是他第一次亲手烘焙出的咖啡豆。这个民族关于咖啡的所有回忆，一瞬间冲入雅各布斯的脑海中。

15世纪的神圣罗马帝国时代，德国人习惯喝啤酒来缓解肉类的油腻，根本不知咖啡为何物。随着航海大发现的来临，西班牙人将咖啡从中南美洲移种到了欧洲，英国社会率先普及了咖啡文化。1679年，有位英国商人在港口城市汉堡开了第一家咖啡店，

---

① 何继亮. 车林外史[M]. 广州:广东人民出版社, 2011:77.

从此咖啡之风席卷德国，城镇中到处都是咖啡店，乡村人家的窗口也时常会飘散出咖啡香味。随着咖啡市场的扩大，英国商人负责供应德意志北部的咖啡豆，而南部市场则被意大利商人所垄断。

到了18世纪，德国市场充斥着外国咖啡豆品牌，民众乐此不疲地用真金白银换来餐桌上那抹怡人的香气。对此，德意志大小邦国的统治阶层产生了共同的不满。保守人士认为，真正的德国人应该更支持本土啤酒产业，而不是外国的咖啡豆。1777年，普鲁士国王腓特烈二世下令禁止进口咖啡原豆。不少其他邦国纷纷效仿，只允许富裕阶层在获得政府许可的前提下以高价购买"官方咖啡豆"，私自购买进口咖啡豆者会被罚款甚至被监禁。但喝咖啡的习惯已经养成，没有了咖啡豆，一些商人开始使用大麦、菊苣和其他原料制成"代咖啡"销售，居然也赚得盆满钵满。

然而，随着德国统一，德国开始把触角伸向国外。非洲的殖民地盛产价格低廉的咖啡豆，关于咖啡豆的禁令也自然冰消瓦解。到19世纪中后期，喝咖啡成了德国人早餐的必备选项，人们迫切希望能有属于本国的咖啡品牌诞生，约翰·雅各布斯就抓住了这个机会。

在不来梅附近，雅各布斯是当仁不让的古老姓氏。从1581年开始，这个家族就经营着城外博格菲尔德的农庄，每一代都由长子继承全部家业。19世纪80年代初，14岁的约翰·雅各布斯从学校毕业，他并非长子，在农庄里也看不到属于自己的未来。后来他回忆说："秋天，在野外干活时，寒风吹得我周身上下都冻僵了。此时我认识到，我不可能终身从事农业……"

雅各布斯想去美国闯荡，结果被远在大洋彼岸的伯父劝退。伯父告诉他，美国现在经济衰退，德国统一刚十几年，经济正在起飞，不如去城市找找机会。雅各布斯听从了劝导。在继母的帮助下，他在不来梅一家杂货商店当上了学徒。

尽管这家商店并不温暖，在严寒的冬天也禁止店员生火取暖。但雅各布斯在这里找到了终生挚爱：咖啡。在店主兼师傅拉胡森的教导下，他对咖啡豆的选料、烘焙、搅拌、调味等业务迅速上手。更难能可贵的是，学徒雅各布斯表现出了正式店员也难以企及的责任心，他总坚持要让咖啡豆达到最好的状态，才能交付给客户。

雅各布斯的种种表现让店主感到深深的遗憾。他知道以小店的规模，难以留住这个认真的少年。果然，4年后，雅各布斯跳槽去了一家批发商贸公司工作，并在23岁时得到了这家公司的咖啡豆代理销售权，这是他商业生涯的真正开始。

尽管代理生涯做得风生水起，但雅各布斯还是在两年后再次选择了辞职。人们指指点点，认为这个年轻人好高骛远，但雅各布斯说，为了能做出自认最好的产品，他宁愿重返零售业。他利用有限的资金，在不来梅多姆斯霍夫开了家咖啡豆零售店。但周边社区的消费力不足，加上老店虎视眈眈地捍卫着地盘，他的生意明显不佳。

雅各布斯不甘心落败，他重起炉灶，在不来梅市中心的泽格大街租下了新铺子。1906年，生意有了些起色后，他兴建完成了咖啡豆烘焙工坊。

雅各布斯非常看重烘焙工艺。在兴建烘焙工坊之前，他只能像其他所有咖啡豆经销商那样，将咖啡豆原料送到其他烘焙房加工，然后再出售。但这些烘焙房的工艺简单死板，并不顾及不同咖啡豆的特性。雅各布斯对于这种死板的烘焙工艺深恶痛绝。在他眼中，烘焙工艺是咖啡豆加工的重要步骤，如果不懂得烘焙，那还不如直接销售生咖啡豆。他知道每一粒咖啡豆都有生命,每一种咖啡豆都有故乡;它们或来自肯尼亚,或来自哥伦比亚,归根结底都有其内在灵魂。真正的烘焙不是单纯地以物理方式来改变它们,而是要为咖啡豆塑造新的外在形态,唤醒并保留其内在的灵魂,最终以不同的香气、不同的口感,传递给万千消费者。

有了属于自己的烘焙工坊,雅各布斯终于有了实现理想的舞台。他不仅认真对待包括烘焙在内的每个工艺环节,还说服了手下的每名员工以此为销售原则,很快,他的店铺顾客盈门。人们不仅喜欢雅各布斯旗下的产品,也喜欢店员认真对待每颗咖啡豆的工作态度。

到 1910 年时,雅各布斯公司已经有了全天送货的外卖员工,每天最多 4 次在不来梅城市内配送新鲜咖啡豆。对市区以外的用户,公司则提供免费寄送服务。雅各布斯拥有当时最为齐全的产品品类,包括混合咖啡豆在内的 11 种咖啡豆,可以为口味最挑剔的老饕提供不同选择。考虑到有些家庭主妇更愿意亲手烘焙咖啡,雅各布斯还开辟了生咖啡豆专柜。至此,雅各布斯成了不来梅鼎鼎有名的咖啡品牌。

即便如此,雅各布斯并不满足于成为不来梅当地名牌,他雄心勃勃地想要将品牌影响进一步扩大。1913 年,他想到赋予品牌独特商标,让人们记忆更为深刻。他对商标图案深思熟虑,最终设定为帅气精神的年轻小伙举起一包生咖啡,向所有消费者展示咖啡因带来的力量。这个图案对德国的民众特别有感染力,因为随着一战的阴影笼罩在欧洲的地平线上,德国从 19 世纪 80 年代开始的经济腾飞阶段已经不可挽回地走向终点——国运如在悬崖边狂奔的野马一步踏空,正加速向下坠落。此时此刻,每个人都需要被唤起新的力量。

一战期间，德国实施了战时经济政策，雅各布斯全部的咖啡豆存货都被征用。很多同行选择了放弃，但雅各布斯不愿丢下好不容易创立的品牌，他费尽心力获得了特别许可，转而销售特供伤病人员的麦片、谷类和砂糖产品。战争结束后，他逐步摆脱阴影，带着雅各布斯品牌重回咖啡行业。不久后，世界经济危机波及德国，咖啡市场也同样不景气。雅各布斯靠着品牌原有的影响力，采用了更精致的包装，并以"雅各布斯不来梅高级咖啡"的名称在报纸上刊登广告，在激烈的竞争中让公司产品获得更高身价。

今天，雅各布斯依然是德国市场占有率第一的咖啡品牌。100多年来，它陪伴着一代代德国人享受咖啡滋味，始终长盛不衰。

汉高用洗衣粉焕新每个家庭

20世纪初，整个欧洲世界即将迎来前所未有的社会震荡。第一次世界大战在无情夺取千万人生命的同时，也破坏了原本传统的社会秩序。在战争前后，德国女性在家庭和社会中扮演了更为重要的角色。由于战时的劳动力缺乏，广大女性挺身而出，走上生产一线。与此同时，她们在家庭中的地位也不断提升。

伴随着女性地位的上升，德国汉高公司推出了一款新的家庭日化产品，它很快成为响彻德国的品牌，并在未来走向欧洲和世界。它就是"宝莹"洗衣粉。

宝莹诞生于1907年，这一年宝莹品牌的创始人弗里茨·汉高已59岁。但他关于品牌营销的新想法总是层出不穷。7月6日是宝莹洗衣粉正式上市的日子，汉高心情愉悦地坐在办公室，认真地翻开《杜塞尔多夫报》，自家产品的广告很快映入眼帘："新型洗涤剂宝莹即将上市，不用搓揉，不必费力，把它加入煮开的水里，让衣服焕发鲜亮洁白。"

这广告的版面并不大，但却是德国历史上第一款为洗涤剂发布的广告。汉高对此很满意，他惬意地点起雪茄，享受着汉高公司发展历史上的这一重要时刻。

早在31年前，弗里茨·汉高就选择了创业。他在亚琛市鲁道夫大街15号的后排平房里创建了一个简陋的家庭作坊，只有3名工作人员。他们在这里制作漂洗苏打粉，其主要原料只是普通的碳酸钠、硅酸钠，工艺也很简单。但汉高却对这款产品灌注了很大热情，当他外出推销时，犹如换了一个人。他双眼发光，滔滔不绝，用各种各样美好的形容词向家庭主妇们宣称自己的苏打粉是最好、最有效的。他不仅全身心投入推销业务，还像战场上的百夫长那样，不断鼓动员工们的工作热情。

后来研究汉高家族历史的人发现，弗里茨·汉高的父亲当年虽然只是普通的乡村小学教师，但却非常热衷公益事业。为了引导农民们使用新型化肥、加入储蓄银行，这位教师在村子里逐户走访，从一个农院跑到另一个农院，费尽口舌地去引发农民们对新事物的兴趣。幼年的汉高就跟随父亲，目睹了农民们的思想和行为随之发生的改变。那时，汉高开始意识到，广告和产品质量同样重要。

创业后，汉高更是发现了名称对于品牌的重要价值。一开始，他的苏打粉叫"通用洗涤剂"，但汉高嫌弃这种名字缺乏个性，根本无法让人记住，便将之改名为"汉高漂白苏打剂"，这个名字既能让人记住自家"汉高"产品的品牌,又能让人一下子知道产品的用途和使用效果——漂白。此后,汉高还涉足茶叶进口生意,他发明了一种能长期保持茶叶香气的金属罐头,并在罐头上标注了鲜明的品牌名称"汉高茶叶"。

这种品牌营销方式,让忙碌的家庭主妇们记住了"汉高"这个名字。到世纪之交时,汉高的企业规模已显著扩大,员工数量增加到了200多名。汉高果断在杜塞尔多夫市的霍尔特豪森买下了5.47万平方米的土地用来建造厂房,尽管有人嘲笑他,认为他根本用不到这么多土地,但汉高却不为所动。他相信,建设一个品牌需要有超前的眼光,提前准备好厂房和土地资源是非常必要的。

直到1906年,汉高仅仅开发了5.47万平方米土地中的1/10,用来建设实验室、厂房和办公用房。在这里,汉高的技术团队开发出一种新型洗涤剂,其主要原料采用了过硼酸盐(perborat)和硅酸盐(silikat)。团队经过反复实验,证明这种洗涤剂比之前所有产品都能更高效地去除衣服上的污渍,家庭主妇们再也不需要用力揉搓捶打,就能让整洁如新的衣物悬挂于庭院,在微风中轻轻散发香气。

但是,围绕如何宣传这款产品,汉高和儿子胡格·汉高产生了意见分歧。汉高很早就将儿子送到斯图加特、柏林上学,后来儿子在大学里取得了化学博士的学位,是整个家族企业里第一个真正科班出身的学者。

胡格承认,推出新产品是需要宣传的,但觉得父亲做得有些夸张。他谨慎地提醒父亲说,帝国专利局已经通知了公司,生产过硼酸盐等氧化原料的并非只有汉高一家。

汉高对此付之一笑。他告诉儿子，过硼酸盐确实是公司从其他企业那里购买的原料，但只有自己将它变成了洗衣粉。无论有多少人生产这些原料，对消费者而言都不重要，谁能帮助千百万家庭妇女摆脱终身洗衣服的劳累才是最关键的。汉高提醒儿子，现在的德意志已今非昔比，以日用消费品为例，每种品类都有一家独大的品牌。例如马吉牌烹饪调味品、卡特莱茵牌麦芽咖啡、霍夫曼牌淀粉、舒尔茨牌润发膏，还有大家都非常熟悉的李比希肉精等。他之所以要大打广告战，就是要让"新"产品家喻户晓，抢先占领万千消费者的心，让自家产品成为整个洗涤剂行业中的领头羊。

说服了儿子后，汉高从过硼酸盐和硅酸盐两个单词中抽取头几个字母，组成新的单词"宝莹"（Persil）。围绕这个响亮顺口的名字，铺天盖地的广告营销开始了。1908年，汉高投入100万马克巨款打广告，其中60万马克花费在报纸上，其余部分则投入零售商的橱窗装饰、街道广告柱的招贴画、市场营销人员对外赠送的试用品等营销渠道。

"特别行动"是这一庞大品牌营销计划中最让汉高得意的部分，他亲自策划了这一创意。几乎是一夜之间，许多身穿白大衣、打着白阳伞的男人，三五成群地穿过杜塞尔多夫市的热闹街道。人们好奇地张望他们，但他们却若无其事，只留下白衣背后"宝莹"一词映入市民眼帘。随后，越来越多的城市出现了这一奇观，惹得当地市民议论纷纷，不知发生了什么事情。当他们回到家中翻开报纸，发现占据了整个版面的宝莹洗衣粉广告时，才算恍然大悟。

汉高并不只关注宣传，他同样向消费者做出郑重承诺。1908年，他亲自撰写了登报声明："如果您选用了汉高公司的洗衣粉产品，即便是使用不当而发生意外,我公司也包赔损失。"另外,无论他设计的营销手段在那个时代有多新颖,汉高都始终坚持不诋毁竞争对手,他要求每名营销人员的言行都应符合这一原则,因为这些人代表着宝莹的形象。

在营销和质量共舞的战略下,宝莹品牌腾飞了。在德意志的各家百货商店里,宝莹洗衣粉那宽大的硬纸盒包装占领了最显眼的货架位置,购物人群很快将之购买一空。1908年,宝莹洗衣粉的销售额达到60万马克。到1913年时,其销售规模足足扩大了50倍,专属广告语改为"宝莹就是宝莹"。

一战结束后,宝莹品牌继续大踏步向前。1920年,历史上第一款洗衣粉电影广告诞生了。此后,汉高虽然更换了领导者,但其品牌营销战略却从未放松。到二战前,他们动用了飞机、电台、霓虹灯、城市射灯等各式各样的广告媒体,让"宝莹"在全欧洲都成为德国洗衣粉的代名词。

戴希曼:德国鞋王的品牌密码

尽管阿迪达斯、彪马等高端德国品牌在世界体育用品市场中占有很大份额,但是真正称霸欧洲鞋类市场的却是一家低端鞋品牌——戴希曼鞋店。

1913年,戴希曼鞋店在德国埃森市正式开业,最初的客户主要面向鲁尔煤矿区的矿工们,店主海因里希·戴希曼为这些矿工制作鞋头和鞋跟带钢片的工作专用鞋。尽管鲁尔煤矿区产业发达,工人们曾经过着不错的日子,但一战中由于英国的贸易禁运,加上前线上百万士兵的需求,德国国内民生物资匮乏、经济凋敝。鲁尔区许多工厂停工,大部分商店不得不关门停业。工人们的生活每况愈下,很多家庭连黑麦面包、马铃薯也吃不上,只能靠芜菁度日——这种植物在平时只用来喂牲口,人吃下去不仅没有营养,还会腹泻。但即便如此,最终连芜菁也要配给发放。

过这样的日子,谁又会想到去买鞋呢?极具商业头脑的海因里希·戴希曼发现了这一点,为了养家糊口,也为了给身边的这些穷人提供便利,他在修鞋之外,又做起了旧鞋交换的生意。人们可以将一些闲置不穿的鞋子拿来换取需要的鞋子。之后,戴希曼盯上了大量废弃的降落伞带和木料,他用这些原料制作的木底凉鞋一经问世就被抢购一空,戴希曼鞋店渐渐被人知晓。

后来,海因里希·戴希曼去世后,儿子海因茨·戴希曼接管了鞋店。他从小接受了父亲为穷人服务的理念,十几岁时就出于宗教信仰开始做慈善:他趁着夜色,爬上自家房顶的平台,悄悄地为遭受歧视的犹太邻居们送去食物。

小戴希曼将这种慈善精神灌注到鞋店的生意里,家族鞋业品牌的生意越做越大。在他的努力经营下,戴希曼鞋店还先后开办了两家分店。此外,他也没有荒废学业,而是一边料理鞋店生意,一边成功拿到医学博士学位,成为一名骨科医生。由于同时经商、行医让戴希曼有些力不从心,他最终决定弃医从商。

随着战争远去,德国经济开始复苏,各行各业蓬勃发展,鞋业的竞争也愈演愈烈。除了鞋店,百货商场和折扣店也加入了竞争行列;尤其是折扣店,以低廉价格吸引众多顾客,具有很大的竞争优势。

强烈的危机感促使戴希曼开始重新谋划鞋店的前途,他知道鞋店要想脱颖而出，就必须在保证品质的基础上尽可能降低售价，实现最佳性价比，这样，顾客自然会被物美价廉的商品吸引过来。同时，必须兼具大众化与个性化，多样化的经营才能满足不同阶层的消费需求，薄利多销。

为了最大限度地降低成本，以便和折扣店竞价，戴希曼创造性地做起了批发式的零售，即取消一般零售店的批发环节，鞋子出厂后直接放到戴希曼鞋店的零售货架上。为此，戴希曼公司自主设计鞋子样式，再委托本土工厂加工制作。后来因为当地生产成本提高，生产基地便转移到发展中国家。于是，戴希曼鞋店每双鞋的价格在30元以下，这与折扣店的价格几乎不相上下了。

此外，戴希曼鞋店卖的鞋全部是流行款式，绝不像一些折扣店那样，因为过时才低价促销，而且品种、款式、品牌也比折扣店多得多。这样，戴希曼鞋店在激烈的市场竞争中就占据了主动地位，市场份额节节攀升。有人统计，德国每卖出的5双鞋中就有1双是戴希曼生产的。

仅仅靠价格显然不足以在竞争激烈的零售市场保持不败之势，戴希曼鞋店的成功还得益于优质的服务，真正把顾客当作"上帝"。戴希曼鞋店承诺，顾客对任何一双鞋的质量如果不能百分之百满意，都可以全额退款。

为彻底消除顾客对质量的顾虑，戴希曼公司建立并完善了物理性能测试和化学物质检测体系，如委托德国皮尔马森斯制鞋检验研究所和瑞士斯泰纳赫检测公司等专业机构对戴希曼鞋进行环保测试。这种检测又逐渐扩展至生产领域，一旦出现问题，相关专家会及时给予生产商技术指导，将问题扼杀于萌芽状态。

舒适的购物环境也是吸引顾客、留住客源的一个重要方面。

走进戴希曼鞋店，里面井然有序的格局让人眼前一亮。所有的鞋子根据用途、性能以及消费者性别和年龄段的不同摆放在不同区域，以便顾客挑选。各个区域还设置了一些贴心座椅供顾客使用，尤其是儿童区，不仅有儿童专用座椅，还有供儿童玩耍的游戏乐园。这样，家长完全不用为照看孩子而有顾虑，可以轻松愉快地购物。

戴希曼鞋店虽然已经成为百年老店，却能紧跟时代潮流。进入网络时代后，戴希曼开始推出网购服务。其网络商店里提供了700多种不同种类和品牌的鞋子，和实体店完全一样。同时，和戴希曼鞋店合作的快递公司是国际著名的物流大鳄——联合包裹公司，以确保鞋子能顺利送到顾客手中。

网购的退换货流程也十分简便，既可以在网上退，也可以电话通知鞋店，由鞋店安排快递人员上门更换或退款，还可以在附近的任何一家戴希曼鞋店进行退换或退款。总之，一切都是以顾客需要为中心。如此舒心、放心的购物环境，自然会吸引到大批消费者。

除了给顾客提供优质服务，戴希曼还为员工们提供很好的福利待遇和工作环境。戴希曼一直保持定期巡查分店的习惯，在考察每家分店的经营情况时，还注意了解底层工作人员的状况，倾听他们的呼声，帮他们解决问题。

戴希曼鞋业还专门设立了企业养老金制度，为员工提供额外的福利；定期为员工体检；安排员工轮流免费去瑞士疗养一周；设立困难基金，为突发意外的员工雪中送炭。

在本土确立霸主地位之后，戴希曼走上全球兼并收购之路，瑞士的多森巴赫鞋业连锁店、美国的莱纳和莱克鲁姆、荷兰的范哈伦、德国的罗兰德以及瑞士的奥克斯纳等企业都被戴希曼纳入麾下。通过兼并，戴希曼拥有数十个品牌，并开始销售阿迪达斯、耐克、锐步等著名品牌的产品。

除收购外，戴希曼分店在国外也遍地开花。如今，戴希曼不仅是德国最大的鞋业品牌，还在波兰、奥地利、比利时、英国等地设立了自营分店，在全球共拥有2000多家分店，成为欧洲鞋业品牌的领头羊。

第6章

复苏的隐忧(1921—1938)

1914年到1918年的第一次世界大战，让德国国民经济付出了高昂的代价。战争消耗了资本和劳动力，使得国内企业被军事化经济政策所控制。除了少数大企业之外，很多企业生产率降低、营业额减少，原有的先发竞争优势被削弱。战争结束后，德意志第二帝国被推翻，德国进入了魏玛共和国时期，但德国的社会和经济制度没有发生太大变化。直到1924年，随着"道威斯计划"的实施，德国企业才开始在日趋稳定的政治和经济局势下，以理智态度重新审视市场，重新培养企业的组织和竞争力。

　　从此时到1929年，德国企业进入了短暂的"复苏时期"。在多个行业内，大型企业着手兼并或收购其他企业，并对企业组织和管理结构进行了重新调整，由此踏上了管理现代化的进程。托拉斯组织[①]在德国出现了，其中包括化学工业领域的IG法本公司、钢铁工业的联合钢厂，后者完全引入了美国钢铁企业的经营方针、会计方法，连信息系统也是照搬IBM的。

　　1929年，世界资本主义经济危机的发生中断了德国企业的复苏进程。面对沉重的经济打击，德国人自上而下在寻找能带领德国企业走出困境的领袖，他们希望能出现一个让更多企业复苏、更多人就业、更多消费动力诞生的政府。在强烈的渴盼下，德国企业家们作出了历史性的选择，他们支持了纳粹政权的建立并与之形成紧密的联系。虽然也有一些大企业家并不喜欢纳粹，但大企业家们的政治倾向则更不受群众欢迎。无奈之下，这些社会精英只能转而支持纳粹。尤其在1932年后，当希特勒上台已成定局，德国的企业家们只能努力与之打交道。其中最典型的就是IG法本公司，他们从消极合作到完全配合，为纳粹全面发动战争起到了重要的作用，也为整个民族埋下深深的隐忧。

---

① 托拉斯，英文trust的音译，垄断组织的高级形式之一。由许多生产同类商品或产品有密切关系的企业合并组成。

钢铁巨头转身

作为德国另一大支柱产业的钢铁业，虽然没有像汽车业那样百花齐放、生机盎然，但实力雄厚的蒂森钢铁集团通过兼并、扩张、转型，给德国经济创造了一个奇迹。

经历了两次世界大战，对德国工业企业来说，真是几家欢喜几家愁。第一次世界大战极大地增强了蒂森集团的实力，巩固了其在钢铁界的老大地位。但是，战争的失败不仅让蒂森失去了在阿尔萨斯—洛林地区的钢厂，还面临着陈旧设备即将被淘汰、劳工矛盾激化等新矛盾，再加上日益激烈的国际竞争，这些都让蒂森集团的负责人奥古斯特不得不选择听从两个儿子——弗里茨和海因里希的建议，对企业的生产能力加以过度扩张，但这又很快导致蒂森集团陷入财政危机。1924年，年过八旬的老蒂森像其他德国钢铁企业那样，转而向美国华尔街资本寻求贷款帮助，再加上德国政府的补贴，才总算勉强渡过难关。到1925年，其生产规模得以恢复到一战前的水平。

蒂森集团虽然渡过了危机，但德国粗放的钢铁工业组织结构已经成为德国钢铁企业发展的掣肘，主要表现为粗制滥造的产品质量、触角过长的产品范围以及产能过剩。除此以外，德国钢铁界还出现了大量由小企业纵向合并而成的、结构和产品类似的康采恩组织。它们的生产能力低下，一定程度上削弱了德国钢铁企业的总体竞争力。

精明的奥古斯特·蒂森和德国钢铁界大亨艾伯特·沃格勒都

看出了钢铁卡特尔的弊端。艾伯特·沃格勒认为，德国钢铁工业要实现生产效率的提高和减少过剩产能，唯一可行的办法是走德国化学工业中法本集团之路。通过各个钢铁企业的强强联合，走劳动力分配更加合理、技术科研力量更加集聚、行政和市场营销开支大幅削减的道路。

此外，艾伯特·沃格勒还建议通过标准化大生产来提高德国钢铁企业的国际竞争力。为了实现这个目标，奥古斯特·蒂森和艾伯特·沃格勒决定联手德国的另外几家钢铁企业，着手建立一家新的公司。

最初，德国钢铁业界的六巨头全部参加了谈判，但随后克虏伯家族、赫施家族宣布退出。到1926年，蒂森、莱茵尔伯、凤凰、莱茵尼施四个家族正式达成协议，将旗下的主要钢铁公司按照美国钢铁企业的托拉斯模式，组建成联合炼钢股份有限公司，由艾伯特·沃格勒任公司总裁，奥古斯特·蒂森的儿子弗里茨·蒂森担任监事会主席。但实际上，蒂森只是投入了一半的资产，拥有该公司26%的股权，纵然如此，蒂森公司实际上还是控制了这个庞大的托拉斯组织。

蒂森之所以投入了一半资产，源自其内部的矛盾。老蒂森坚持认为，如果参加了托拉斯，虽然能保持企业的声誉和辉煌，却会失去家族对企业的控制。如果想要完全保持家族的控制权，就应该和克虏伯那样选择孤立。与老蒂森处于两难境地不知如何决策不同的是，他的两个儿子对此态度非常明确：长子弗里茨控制着蒂森在鲁尔地区的主要固定资产，他积极同意加入。次子海因里希掌控蒂森在鹿特丹的流动资产，他拒绝加入。因此，蒂森最终也只将核心钢铁设备投入了这个德国史无前例的钢铁托拉斯体系。

从 1927 年开始，联合炼钢股份有限公司负责开采德国 18% 的煤矿，其生铁和原钢产量占德国总产量的一半。此外，公司还开展了一系列优化运动，关闭了陈旧的企业，增添了高效的设备，一时之间生气蓬勃，成为全世界前列的钢铁托拉斯企业。

虽然这一巨型企业联合体在成立之初极大地改善了德国钢铁业的生产经营状况，提高了生产效率和生产能力，但是，拥有 40 名常任董事、臃肿庞大的管理机构以及下辖从煤矿开采到钢管锻造的众多生产公司，使得新公司不堪重负。随着时间的推移，联合体渐渐发展成一只行动迟缓且官僚气十足的巨型动物。就像体型巨大的恐龙不能及时适应气候变化而灭绝一样，当 20 世纪 30 年代的大萧条侵袭德国之时，联合炼钢股份有限公司根本无法灵活迅速地应对经济危机，以致濒临破产。

在这种情况下，结构调整迫在眉睫。于是，联合炼钢股份有限公司顺势而为，由中央集权式的管理方式变成权力分散式的管理形式——独立的子公司被允许建立，集团成员还可以使用各公司原本的名称。就这样，奥古斯特·蒂森钢铁集团的名字重新出现在世人面前。

到 20 世纪 20 年代末，蒂森钢铁集团通过联合炼钢股份有限公司控制了德国 25% 的煤炭、20% 的焦炭、38% 的生铁、40% 的钢铁以及 36% 的钢材产品。这是联合炼钢股份有限公司风头最劲的时刻，短短几年内，人们看到了在蒂森的主导下，德国钢铁企业强强联合所带来的希望。

联合炼钢股份有限公司的喜人形势引起了希特勒和纳粹集团的注意。1932 年，弗里茨·蒂森在位于杜塞尔多夫的"钢宫"主持了盛大仪式,来访者是风头正劲的希特勒,而接待者则是鲁尔区各行业的企业家,数量多达 300 名。这次会面标志着德国垄断资本和纳粹党的正式勾结。弗里茨作为鲁尔区第一个站出来给予纳粹财政支持的企业家,随即获得了纳粹党员、第三帝国议会议员、国家经济委员会成员等各种政治"荣誉"。蒂森钢铁集团也成为纳粹德国生产钢铁和其他军需物资的工具,成为希特勒发动侵略战争的帮凶。

然而,蒂森家族终究有清醒过来的时刻。随着希特勒战争狂人的本质逐渐暴露,蒂森家族受到的管控也越来越严苛,连弗里茨本人的电话、信件都会被严密监视。弗里茨最终选择与希特勒决裂并逃亡,其所有家产被纳粹德国所没收。由于盟军不断轰炸,联合炼钢股份有限公司旗下的奥古斯特·蒂森钢铁集团的生产量已经降到战前 2/3 的水平。此后,蒂森钢铁集团受战火影响不得不停产歇业。

战后,蒂森钢铁集团由英军接管。鉴于蒂森家族成员四散逃亡,英军便任命原蒂森机器公司的总会计师海因里奇·町科巴赫负责鲁尔钢铁工业区的财产清算和管理。之后,盟军制订了分解德国钢铁企业的计划,联合炼钢股份有限公司最终被分成 23 家小公司。

经历了跨越冷战和两德统一的漫长发展,蒂森钢铁集团在全面转型和国际化中取得了成功。秉承强强联合的精神,蒂森和克虏伯合并,在全球近 80 个国家开展经营,涉及钢铁、汽车零件、机械工程、电梯、造船、塑料、能源、废物处理、工业工程、环境科学以及贸易和服务业等多种行业。蒂森克虏伯集团拥有超过 15.5 万名员工,年销售额达到 430 亿欧元。作为一家具有 200 多年历史的跨国企业,蒂森克虏伯集团代表着德国重工业的最高水平。凭借尖端科技和高效管理，集团正不断向新的业务高峰发起冲击。

迈巴赫：奢华与高贵的代名词

1921年，在柏林车展上，一位汽车生产商自信满满地宣布他们的目标是生产"世界上最昂贵的轿车"。说出如此豪言壮语的人叫卡尔·迈巴赫，他的父亲就是"现代汽车设计之父"威廉·迈巴赫。

20年前，挚友戈特利布·戴姆勒去世后，威廉·迈巴赫继续坚持汽车梦想之路。根据赛车迷埃米尔·耶利内克的要求，他研制出高达35马力（1马力＝735瓦）的赛车，并以耶利内克女儿的名字梅赛德斯为赛车命名。

这款车拥有更宽更长的车身和优美典雅的流线型轮廓，再加上更轻、重心更低的技术设计，在各类汽车赛中屡屡登上冠军宝座，市场好评如潮。因此，梅赛德斯以绝对优势打败了竞争对手奔驰汽车，在全世界刮起"梅赛德斯旋风"。

更重要的是，梅赛德斯汽车所采用的流线车身、蜂窝式散热器、低发动机罩、长轴距、斜置转向系统以及尺寸相同的前后车轮等设计被视为典范，被公认为世界上第一辆现代汽车。威廉·迈巴赫也一举成名，被誉为"设计之王"。

只是发明家和设计师的光芒遮盖不住公司内部权力斗争的阴霾。1891年，威廉·迈巴赫被戴姆勒公司的掌管者洛伦兹排挤出局。离开戴姆勒公司后，威廉·迈巴赫并没有消沉、颓废，他和儿子卡尔·迈巴赫联手组建航空器发动机制造厂，为齐帕林飞艇提供大功率发动机。

作为迈巴赫家族的第二代掌门，卡尔·迈巴赫完全继承了父亲的设计基因，17岁时便成为一名机械工程师。迈巴赫公司的事务基本由卡尔·迈巴赫打理，年事已高的威廉·迈巴赫只是作为技术主管从旁协助儿子的事业。

经过反复试验，迈巴赫父子终于在梅赛德斯轿车的基础上成功制造出第一辆迈巴赫W1型轿车，并进行实地测试。随后，卡尔·迈巴赫创建了迈巴赫发动机制造公司，开始打造独立的迈巴赫品牌。

不过，卡尔并没有真正下定决心从事汽车生产，他只想为汽车提供最强劲的发动机和最好的外形设计。W2型汽车发动机随后问世，该发动机有6个汽缸，功率高达70马力、2200转/分。凭借其无可匹敌的性能，W2型发动机被众多商家看中。尤其是荷兰的一家汽车和航空器公司，一下订购了1000台W2型发动机。

不幸的是，在这笔订单交易完成前，这家荷兰公司发生了财务危机，根本无力支付全部货款。这个意外情况促使卡尔·迈巴赫破釜沉舟，自行生产汽车来消化积压的发动机。1921年，卡尔·迈巴赫带着最新款迈巴赫W3型车参加柏林车展，并放出豪言"做世界上最昂贵的轿车"，借此机会向世界宣告迈巴赫轿车的品牌特质和发展方向。

从此，迈巴赫轿车成为奢华与尊贵的代名词，成为身份与品位的象征。卡尔·迈巴赫并非夜郎自大，他的公司已经实现自主研发和自主生产发动机、散热水箱、车架、变速器及悬挂等汽车主要配件，还可以组装汽车，并根据客户需要进行定制化设计。

受柏林车展的鼓舞，迈巴赫公司于1926年推出W5型轿车，其发动机为功率高达 120 马力的 6 缸直列式发动机。后来的加强版 W5 SG 轿车则配备了先进的带超速挡的变速器。

为了保持迈巴赫的品牌优势，凭借多年航空发动机（多缸）制造经验，卡尔·迈巴赫开始研发 12 汽缸的汽车发动机。1929 年闪亮登场的迈巴赫 12DS 轿车采用的就是 12 缸发动机，功率高达 150 马力，还配有双超速挡变速器。这是当年德国顶级豪华轿车中最大气尊贵的轿车，成为迈巴赫公司的经典之作。

1929 年，就在迈巴赫汽车即将迎来巅峰的时刻，威廉·迈巴赫与世长辞。为了完成父亲打造顶级豪华汽车的梦想，1931 年，卡尔·迈巴赫带领设计团队重磅推出迈巴赫旗舰车型 DS8"齐帕林"轿车。这款轿车的发动机最大输出功率为 200 马力，有 8 升的排量，而且车身长 5.5 米，车内空间宽敞，配有宽大舒适且用名贵软皮包裹的座椅。

除了轿车之外，"齐帕林"系列还包括活顶旅行车和运动型敞篷车，每一款都达到了汽车的极致境界。虽然每辆"齐帕林"的售价高达 3.6 万马克（按当时的物价水平，这笔钱可以购买 3 套别墅），但是它以无与伦比的尊贵典雅、独一无二的舒适气派和技压群雄的动力性能，成为 20 世纪初期豪华轿车最高水准的代表，其独特魅力迅速征服了全世界。

由于迈巴赫汽车从诞生之日起就被定位为高档车，客户一般是政界人士、企业家和偶像明星等，因而各国达官显贵都以拥有一辆迈巴赫轿车为荣。一些名门望族如希腊国王保罗、荷兰王室朱莉安娜公主和两位王子、印度王公斋浦尔和科哈珀、埃塞俄比亚国王海尔·塞拉西等都是迈巴赫轿车的忠实粉丝。此外，还有被誉为"有史以来最伟大的男高音"的意大利歌唱家恩里科·卡鲁索和前世界重量级拳击冠军、德国拳王马克斯·史迈林等世界级偶像也是迈巴赫轿车的发烧友。

这些成绩和荣誉并没有让卡尔·迈巴赫沾沾自喜。要想始终保持迈巴赫轿车的领军地位和绝对优势，就必须不断突破现有技术，与最优秀的配件厂商合作，从细节上制胜。尤其是对那些品位非凡的客户而言，车架、悬架、发动机、变速器、散热器等组件的技术细节更为重要。唯有如此，整车产品方能与消费者自身形象相得益彰。

从诞生之日起，迈巴赫就是艺术品级的存在。迈巴赫轿车总是让人忍不住驻足停留来欣赏它那经典与现代完美结合的车身，感受它那技术与艺术交相辉映的魅力，品味它那雍容与灵动融为一体的气质。它已经不是一个简简单单的代步工具，而是力与美的诠释，诉说着迈巴赫家族永恒的魅力。

"保时捷之父"的新创造

1930年，波尔舍创办保时捷公司，他根据欧洲又窄又弯的路况着手设计实用型小汽车。三年后，希特勒上台，他发现波尔舍的设计理念和"大众汽车"计划不谋而合，不由得非常欣赏波尔舍的才能。当听说波尔舍还是捷克国籍时，希特勒亲自写信邀请波尔舍加入德国国籍，称他是"伟大的德国汽车设计师"。

有意思的是，赏识波尔舍的不只有希特勒，斯大林同样对他产生了浓厚兴趣。1932年，波尔舍父子应邀去苏联访问，他们被批准参观包括生产坦克的大型军工企业斯大林格勒拖拉机厂在内的苏联企业。斯大林力邀波尔舍留下来领导苏联汽车产业,被波尔舍拒绝。

波尔舍为何能被二战时对立的两个阵营同时看中?这要从他之前的经历说起。

19世纪70年代,费迪南德·波尔舍出生在一个铁匠家庭。虽出身贫寒,但波尔舍从小就表现出极高的电工和机械天赋,而且勤奋好学,动手能力强,痴迷汽车。25岁那年,波尔舍设计的电动汽车在巴黎世界工业产品博览会上成功亮相,从此,波尔舍作为"电动汽车之父"在欧洲名声大噪。

31岁时,波尔舍被聘到戴姆勒奥地利分公司担任技术部经理。就在这一年,他的第一辆豪华轿车——"马佳"问世。"马佳"是一个女孩的名字,而她姐姐的名字则更响亮——梅赛德斯,被德国戴姆勒公司借来代指汽车发展史上的一个传奇之作——"梅赛德斯"汽车。

波尔舍最钟爱的还是跑车,他不但设计跑车,也热衷于赛车运动。波尔舍曾率领三辆改进后的跑车参加洲际赛车比赛,包揽前三名,他本人如愿摘得桂冠,最快车速达每小时140千米,刷新当时的赛车纪录,在整个欧洲引起极大轰动。同很多汽车发明家一样,波尔舍与奥地利戴姆勒公司的董事会在发展方向上的分歧越来越大。由于不愿妥协,波尔舍最终辞职,加入德国戴姆勒汽车公司,担任首席设计师和公司董事。任职期间,波尔舍设计出艺术品级的S系列和K系列赛车,在比赛中屡屡夺冠,以致形成一种"波尔舍效应",即波尔舍到哪家公司工作,哪家公司就会赢得赛车冠军。

但是,波尔舍并没有因此觉得完全实现了自我价值。全球经济正处于大萧条的阴影之下，人们的购买力大幅度下降，原本价格就高的汽车更成为奢侈品，普通百姓根本消费不起。为此，波尔舍有一个宏大的目标，就是生产质优价低、普通百姓都可以买得起的小型汽车。但戴姆勒-奔驰公司的汽车走的是高档路线，公司董事极力反对生产小型车，波尔舍只好与其分道扬镳，并创立了自己的公司。

当希特勒得知波尔舍正在设计一种结实耐用、价格低廉的汽车时，就要求合作。希特勒要求波尔舍生产一种最大速度不低于100千米/时，但价格不得高于1000帝国马克（大约为当时的250美元）的汽车，以便提供给"德国的普通大众"。这几乎是不可能完成的任务，尤其是以如此低廉的价格买到一辆轿车，连波尔舍都觉得十分荒谬。

事实上，早在1931年，波尔舍创办的保时捷公司就曾生产过一款名叫"第十二型"的经济型小汽车，但苦于无汽车公司投资而陷入停产状态。所以，尽管波尔舍认为希特勒的要求不切实际，但还是积极接受了，他希望利用希特勒手中的权力实现生产经济型家用轿车的梦想。而希特勒对生产经济实用型小轿车却是另有图谋，他想借此笼络人心，激发出更多人的"爱国"热情，最终为他发动侵略战争服务。所以，希特勒十分重视该项目，派出大批专家选址建厂，由政府指定的德国劳动阵线（当时德国的工会组织）负责具体生产，波尔舍担任技术主管。

然而，要达到希特勒的造车要求并非易事。由于德国平均气温偏低，也为了控制生产成本，新车只能使用风冷发动机。但是当时的风冷技术并不成熟，一旦气温过高或持续工作时间过长就会导致发动机过热。同时，车身也找不到合适的材料，铸铁的造价低，但作为车身材料又太重，而铝合金的价格又太高。波尔舍尽力克服所有困难，终于在1936年底制造出3辆样车，并完成试车测试。

但是，新车距离批量生产还有很大距离。1937年，波尔舍父子专门前往美国平价汽车的代表——福特公司取经。经亨利·福特同意，波尔舍招聘了11位祖籍德国的美国专家回德传授技术。1938年，在精心准备后，大众汽车厂得以成立。在奠基仪式上，希特勒坐着即将投产的新车出现在现场，并将该车命名为KDF（Kraft durch Freund），意即"快乐产生力量"。但后来人们根据新车的外形赋予其一个更形象的名字——"甲壳虫"，并沿用至今。

此后，第一批"甲壳虫"投产。遗憾的是，第二次世界大战很快爆发了，大众汽车厂被迫停产"甲壳虫"，转攻军用车辆生产，已生产的"甲壳虫"都被分配给了德军军官。此后，波尔舍为纳粹军队设计出VW82型军用吉普车、水陆两栖作战车、"虎"式和"豹"式坦克、自行火炮等武器，被希特勒授予SS军团（希特勒军队主力）少尉称号。也正是因为上述行为，在德国投降后，波尔舍不断被盟军审讯，主要问题就是他和大众汽车厂是否为希特勒做帮凶，而大众汽车公司也面临盟军的"生死审判"。

在费迪南德·波尔舍为希特勒实施大众汽车计划的同时，他一手创办的保时捷汽车公司也在不断发展。由于希特勒的蛮横"建议"，费迪南德·波尔舍主要负责大众汽车厂的生产，保时捷公司则由他的儿子费里·波尔舍掌管。

自小接触汽车的费里·波尔舍完全遗传了父亲的优秀基因，13岁就开始试驾老波尔舍设计的"萨莎"赛车，并从此迷上赛车。但是，老波尔舍并不赞成费里做一名赛车手，他更希望儿子能够子承父业，当一名汽车设计师，将波尔舍家族的"汽车梦"传承下去。毕竟世界上有成千上万的赛车手，而真正的汽车设计大师却凤毛麟角。

费里由此放弃赛车梦，全身心投入汽车设计事业，并成为保时捷公司最年轻的员工。但是，未来的家族掌门人费里在公司并非一帆风顺，资历尚浅的他要共事的是一群德高望重的老技师。在这些人面前，费里显得人微言轻。

不久后，费里代表保时捷公司为汽车联盟公司设计出"银箭"一级方程式赛车，并成功地解决了引擎曲轴前端极易磨损的重大技术难题。1936年，汽车联盟公司的车队凭借这款产品，几乎包揽了所有欧洲赛事的冠军。费里在保时捷公司的威信也得以确立。

汽车比赛不仅是检验汽车性能的最佳方式，也是汽车公司一举成名的最快捷途径。因此各大汽车品牌不断推出各种赛车，汽车比赛逐渐成为世人瞩目、充满惊险刺激的冒险盛宴。虽然20世纪30年代，世界笼罩在经济萧条和战争危机的阴影下，但是对汽车业来说却是黄金时代。德国一直是国际车坛的主力之一，尤其是希特勒上台后，汽车竞赛已经不单单是汽车公司之间的竞争，而是上升到了代表"国家尊严"的较量。勇夺冠军、不断刷新世界速度纪录成为第二次世界大战爆发前希特勒追求的国家目标之一，德国汽车业因此迎来绝佳发展机遇。

除了完成希特勒交付的"政治任务"——设计制造"甲壳虫"汽车，波尔舍父子还有一个梦想，即制造以自己名字命名的跑车。承揽"甲壳虫"项目让波尔舍父子名利双收，为其跑车梦想提供了强大的资金支持。保时捷公司最先研制的是64型跑车，该车是日后众多保时捷跑车的始祖。

跑车的制造同样要仰仗纳粹政府的支持。为尽快完成大众汽车计划，波尔舍父子将精力和财力都花在"甲壳虫"汽车上，所以跑车也定在大众汽车厂生产，算是就近取材。但负责汽车具体生产的德国劳动阵线以跑车会破坏"艰苦朴素"的国民形象为由，拒绝将一些"甲壳虫"汽车配件出售给保时捷公司。

几经周旋，德国劳动阵线又同意波尔舍父子的跑车生产计划，他们认为如果使用"甲壳虫"配件的64型跑车能取得国际赛车冠军，那么就能为他们的领袖希特勒再添一项"丰功伟绩"。1938年，保时捷公司正式推出64型跑车，并命名为F汽车，"F"代表费迪南德和费里。这款跑车一共生产了3辆样车，全部使用"甲壳虫"的汽车配件。然而F汽车生不逢时，刚刚诞生就遭遇第二次世界大战爆发，失去了一展雄风的大好机会。保时捷和大众也即将迎来它们风雨飘摇的苦难时光。

四环联盟的诞生

20世纪二三十年代的德国，在战争赔款和经济危机的双重打击下，不只是普通民众生活穷困，企业也面临破产倒闭的严重危机，其中不乏盛极一时的大企业。

为走出经营困境，霍希、奥迪、小奇迹（Das Kleine Wunder, DKW）和漫游者四大汽车公司选择了建立合作联盟。1932年6月，萨克森州的四大汽车公司霍希、奥迪、DKW和漫游者合并成立汽车联盟公司。新公司自然会有新标志，那就是现在家喻户晓的四环标志。每个环大小相等，各个环内填入四家公司原本的商标。并列相扣的四环象征着四家公司地位平等、休戚与共以及团结紧密的兄弟般情谊。和现在略有不同的是，当时的四环中间还有"AUTO UNION"字样，代表汽车联盟公司。

被合并的四家企业中，DKW 公司由丹麦人乔尔根·斯卡夫特·拉斯姆森创建，他曾在米特韦达镇的技术学校攻读过工程类专业，毕业后就在萨克森开办了第一家公司。1904 年，他又在开姆尼茨开了一家设备工程公司；1907 年，在茨肖保市又成立了一家仪器和配件制造公司。

一战爆发使得欧洲能源供应十分紧张，已经过时的蒸汽动力重新获得生产商的青睐。从 1916 年起，紧跟时代潮流的拉斯姆森开始进行蒸汽动力汽车的试验。尽管试验效果不理想，也未能制造出特别车型，公司却由此得名 DKW（德语 Dampf Kraft Wagen 的首字母缩写，意即蒸汽动力汽车）。

1919 年，拉斯姆森从雨果·鲁佩手中拿到二冲程发动机的设计和制造权，并于 1922 年改造为 Das Kleine Wunder（小奇迹）摩托车发动机。经过拥有超强经营能力的拉斯姆森和公司首席设计师赫尔曼·韦伯等人的努力，DKW 公司在 20 世纪 20 年代成为世界上最大的摩托车制造商，同时也是世界领先的发动机生产商，公司的名称随之改为"小奇迹"[1]。不仅如此，如日中天的 DKW 公司在 1928 年至 1929 年还收购了陷入经营危机的奥迪汽车公司的股份。

同 DKW 公司一样，漫游者公司也是以摩托车生产起家的，只是时间更早（1902 年开始生产）。1904 年，漫游者公司正式涉足

---

[1] 公司起初的德语名为 Des Knaben Wunsch（男孩的梦想），后更名为 Das kleine Wunder（小奇迹）。

汽车制造领域。1913年,漫游者公司实现汽车批量生产,推出一款名为"Puppchen"的小型轿车,因为物美价廉,符合大众消费需求,市场销路很好。但是,这款小型汽车更新换代慢,它的第二代车型直到1926年才在市场上销售。

与此同时,漫游者公司的新车W10轿车问世时,采用了功率为22千瓦的1.5升发动机。这款轿车的配件应用了当时世界上最先进的技术成果,如整体铸缸发动机、变速器、方向盘左置、中央排挡杆、多用途干板离合器以及四轮制动系统等,因此销路极好,一时间出现了供不应求的局面。

为此,公司专门在开姆尼茨郊区成立了一个汽车制造厂。老汽车厂负责生产汽车部件,通过铁路运到新厂,直接从车厢卸到生产线。这种方法恰好适应了生产需要,因为周转仓库最多只能容纳25辆汽车,相当于一天的汽车生产量。

漫游者公司十分注重汽车的可靠性,致力于生产高品质的汽车,这意味着每辆汽车的生产成本都很高。在那个经济危机的年代,全世界购买力普遍下降,高档汽车的市场需求也随之大幅度下降,加之物美价廉的美国汽车的竞争冲击,漫游者汽车陷入销售低谷。

面对困境,漫游者公司试图用更为优美的车身造型和更高性能的发动机装备等配件来吸引顾客,以摆脱经营危机。然而,汽车销售量非但没有起色,反而继续下滑,公司负债累累,摩托车部门被NSU公司和Janeek公司收购。雪上加霜的是,漫游者公司最大的股东——德累斯顿银行见汽车行情不好,便卖掉了该公司的股份,转向投资利润率高的机械工具和办公设备生产行业。

20世纪30年代的经济危机击垮的不只是漫游者公司,霍希公司和奥迪公司同样面临经营困境。在这种情况下,唯有强强联合才是明智之举。

最先提出合并倡议的是时任萨克森州立银行行长兼DKW公司股东之一的赫伯特·穆勒。在他看来，萨克森的汽车企业要想继续生存发展，必须上下"拧成一股绳"。事实上另一个汽车制造大国美国的通用汽车公司、福特汽车公司已强势进军欧洲市场，收购欧洲企业，建立分公司，直接威胁德国汽车公司的发展。

内外因素都昭示着合并重组的必要性。赫伯特·穆勒充当中间人，全力撮合霍希、奥迪、DKW和漫游者合并。

然而，并不是每家公司都愿意联合，最大的阻力来自DKW公司。拉斯姆森刚刚收购奥迪汽车公司的股份，正处在发展上升期，二冲程小型汽车大获成功，公司一直处于盈利状态。

公司小型车发展战略的成功，让拉斯姆森有了讨价还价的资本。但是以一对三以及经济危机的压力，让拉斯姆森选择暂时妥协。随后，他打起合并后掌握公司领导权的如意算盘，便不再反对4家公司合并。几番博弈后，拉斯姆森最终同意联合。在1932年6月，带有四环标志的汽车联盟公司正式成立，总资产为1450万马克。1936年，汽车联盟公司新的办公大楼在开姆尼茨建成，设有统一的设计部和试验部，所有车型都在总部研发，然后再交由各工厂生产，四家公司真正融为了一体。

为了避免产品重复和内耗，汽车联盟公司根据4家公司原本的产品强项，为各家公司划分好各自的主打产品：霍希公司主打3升8缸以上的顶级豪华轿车；奥迪公司专注于生产直列6缸豪华轿车；漫游者公司的生产重点是中型汽车；而DKW公司则侧重制造小型"国民汽车"和摩托车。

自此，奥迪开始了面向世界的激情之旅。

容克斯："闪电战"的空中利器

第二次世界大战初期，希特勒的军队之所以无往不胜，主要在于其实施的全新战术——"闪电战"。如果说克虏伯的坦克和大炮是配合"闪电战"的地面战斗力，那么容克斯飞机与发动机制造厂生产的轰炸机则是确保"闪电战"成功的空中利器。

容克斯飞机与发动机制造厂的前身是容克斯公司，由德国著名飞机设计师和航空企业家雨果·容克斯创办，最初只是生产锅炉和发动机的小公司。但到了20世纪初，美国莱特兄弟发明的飞机成功上天，人类开始了对天空的征服。一直研究热力学的雨果·容克斯也开始研制飞机及其所需的发动机，他的精力基本都用在了飞机试验和为飞机配备的柴油机的研制工作上。

雨果·容克斯在德国亚琛建造了第一座风洞。而后，他设计的世界上第一架张臂式全金属飞机——J-1型飞机也试飞成功。

在此基础上，容克斯公司陆续推出了J系列飞机，每一种型号都力求在机身重量和强度上达到最完美的状态。只是一直到了J-4型飞机，雨果·容克斯才决定投入批量生产，而一半以上的J系飞机都供应给了德国军方。在容克斯生产的J系飞机中，最成功的机型当数J-7型。后来，容克斯公司在这款飞机的基础上又推出了加长版的J-8型飞机，该型号的飞机在一战结束前曾被投入东线战场。

第一次世界大战后，德国的军工企业被严格控制，有些甚至处于停滞状态。为此，雨果·容克斯在德绍新建了飞机制造工厂，转而研制和生产民用运输机产品。雨果·容克斯根据 J-8 型飞机的外形，设计出世界上第一架硬铝全金属客机——F-13 型飞机。

就在飞机试飞成功后不久，《凡尔赛和约》在法国巴黎正式签订。之后的几个月内，德国被完全禁止生产任何类型的飞机；后来政策才慢慢放宽，被允许生产少量的民用飞机，容克斯公司就此获得了生存发展空间。

创新一直是雨果·容克斯及其公司领军航空业的基础。1924 年，雨果·容克斯为美国航线量身定制了一套设计方案，这套模型展示了一种能够在 8～10 小时跨越大西洋的客机，并配有 4 引擎、80 个座位。这款客机带有安装在双挂架上的一对前鸭翼与一对主机翼，被称为"容克斯 J-1000 超级鸭子"。这份设计方案最终被应用在容克斯 G38 客机（当时世界上最大的飞机，能够搭载 34 名乘客与 7 名机组人员）上，它最终服役于德国著名的汉莎航空公司的定期航线上。

1926 年，《凡尔赛和约》对德国民用飞机的限制完全解除，雨果·容克斯立即推出 W-33 型和 W-34 型民用客机，这两款飞机在航空史上创造了无数"第一"，如飞行时间、飞行高度和航程等，在航空业备受推崇，容克斯公司也因此名利双收。

1931 年，一直顺风顺水的容克斯公司陷入财政危机，导致集团公司面临解体的困境。于是，容克斯公司的其他股东向雨果·容克斯发难，逼其离开公司管理层。但雨果·容克斯是公司大部分关键专利技术的拥有人，而这些专利被广泛应用于容克斯飞机的引擎中。为解决雨果·容克斯和专利技术的去留问题，容克斯公司决定打包买断雨果·容克斯的引擎专利，将这些专利转入新成立的容克斯发动机公司，再从该公司获得专利授权。虽然最终雨果不再负责管理，但容克斯公司成为其名下专利的主要接收者，得以继续享受技术带来的竞争力红利。

为走出财务困境，容克斯公司也曾涉足汽车领域。1932年，容克斯公司和迈巴赫公司合作制造空气流体动力学项目，但终因经济大萧条时期高档汽车市场萎靡而宣告失败。

1933年，希特勒上台，政治风云突变，德国所有远程民用飞机生产计划都被强制取消。雨果·容克斯被迫将专利无偿转让给纳粹政权，其公司股份也被政府征用；他本人被软禁在家，原因是纳粹怀疑雨果·容克斯对纳粹的忠诚。

在遭遇连番打压后，原本一直处于德国航空界老大的容克斯公司不得不屈尊降格，参与第三帝国航空部组织的小型单引擎和双引擎军用飞机项目的竞标。1935年，飞机设计大师雨果·容克斯去世。第二年，容克斯公司和容克斯发动机公司合并成容克斯飞机发动机公司，从事军用飞机的生产，其中最经典的产品有Ju-86、Ju-87和Ju-88型轰炸机。

以Ju-87"斯图卡"俯冲轰炸机为例，它的显著特点是双弯曲的鸥翼型机翼、固定式的起落架和独一无二的低沉啸声。Ju-87轰炸机一经问世，就成为德国空军配备的最具杀伤力的空中武器。因此，Ju-87轰炸机也是德国实施"闪电"歼击战中必不可少的武器。随着战争的进行，Ju-87轰炸机随之升级，在加装了大口径的加农炮之后，成为苏联装甲部队的一大克星。由德国空军元帅沃尔弗拉姆·冯·里希特霍芬指挥的德国第八航空军就是因为装备了Ju-87轰炸机，才在敦刻尔克大撤退和斯大林格勒战役中给予了英军和苏军部队沉重打击。也因此，容克斯飞机发动机公司备受希特勒政府青睐，接到大量军事订单，成为德国重要的军工企业。

第二次世界大战结束后,容克斯飞机发动机公司被重组为容克斯有限责任公司。后来,这家公司被并入梅塞施密特-伯尔科-布洛姆财团(MBB)。现在,该财团已经被德国宇航公司收购,并改名为戴姆勒-奔驰宇航公司,目前是世界第二大航空航天跨国集团——欧洲航空防务及航天公司的大股东之一。

第7章

战争之王(1939—1945)

两次世界大战之间的和平间歇期，让百废待兴的德国企业得到了喘息机会。然而这样的"繁荣"犹如入海的纸船，既脆弱又短暂，经不起风浪的袭击。1929年，从美国开始的经济大危机，很快就蔓延到背负巨额战争赔款且被《凡尔赛和约》严格限制的德国，使得依赖出口的德国经济雪上加霜。经济危机、发展受限以及德国民众渴求崛起的迫切愿望，令以希特勒为首的纳粹势力找到了足够的发展空间。

鼓吹"国家社会主义"的希特勒上台后，开始实施"重新武装"计划和"四年经济计划"，大规模的扩军备战在一定程度上带动了对公共事业的投资，使德国经济出现回暖，增强了民众对政府恢复经济的信心，也让德国工业巨头看到了企业未来的上升空间。这个战争狂人的备战计划让德国重工业在20世纪三四十年代一枝独秀，导致战争前后的畸形发展。

1939年，德国发动对外侵略，第二次世界大战正式爆发。在纳粹政府的政治高压以及商人逐利本性的双重作用下，大批民用企业转而生产军用物资。战争的特殊性要求一切工业机器必须围绕军需物资运转，民用产品被压缩至最低限度，诸如克虏伯、大众、宝马、戴姆勒－奔驰、迈巴赫、莱茵金属等众多知名企业转而成为纳粹军队战争物资的重要生产商。

在最初的疯狂后，德国再次吞下失败苦果，美、苏、英、法等同盟国意识到必须彻底清除有利于法西斯主义滋生的任何因素。于是，德国被分区占领，已经残破的工厂被分解、搬迁，狂舞终于结束了，曾经让德国人引以为傲的工业进入了凋敝的严冬时节。

军工帝国克虏伯

1939年，兼具天才和魔鬼特质的小阿尔弗雷德·克虏伯接替了父亲，成为克虏伯帝国的掌门人，德意志"军火库"的大门再次开启。

战争初期，小阿尔弗雷德专门建起一栋小楼作为专用研究室，周围布满铁丝网，并配备武装哨兵守卫。他形单影只地住在那里，没有任何亲人和朋友，只有沉默的佣人为他服务。他白天工作，夜晚则靠威士忌和香烟度过。在他的办公室内，挂着希特勒的巨幅肖像，下面写着："同元首在一起，直到胜利！"

整个二战期间，小阿尔弗雷德都"蜗居"在这里，扮演着纳粹德国军队的"机械大师"角色。战争初期，德军铁蹄几乎蹂躏整个欧洲，小阿尔弗雷德带领着克虏伯公司紧随其后，跟随德军进入占领区开展疯狂的经济侵略，将许多工厂、设施、财产据为己有，接手了煤矿、铸造、高炉甚至赛马等新行业。到1943年，克虏伯军火帝国的雇员已多达20万人，为德国军队不断输送弹药、火炮、舰炮、钢板等武器装备，成为纳粹发动侵略战争的重要"供应商"。鉴于克虏伯公司的活跃表现和巨大贡献，希特勒向其家族和企业颁发了种种荣誉，甚至还专门推出了一项"克虏伯法"，规定克虏伯公司的产权完全由小阿尔弗雷德一人掌握，这可是其他大型企业都没有的"殊荣"。

在希特勒的鼓励下，克虏伯造船厂还研制出德国"欧根亲王"号重型巡洋舰和U型潜艇，参与德军著名的虎式、豹式坦克的研究，并取得了坦克火炮的制造权。世界上体型最大的列车炮"古斯塔夫"炮正是这一时期克虏伯兵工厂的杰作，此种大炮可以把7吨重的炮弹投射到47千米以外的地方。凭借这些，克虏伯公司在二战初期捞足了政治资本，又聚敛了亿万财富。

小阿尔弗雷德是怎样让克虏伯从知名企业摇身一变，最终成为纳粹的帮凶的呢？这与克虏伯的企业历史不无关系，也和小阿尔弗雷德年轻时的经历密切相关。

由钢铁发迹的克虏伯家族，在19世纪60年代涉足军工行业，克虏伯帝国奠基人老阿尔弗雷德·克虏伯发明的大炮帮助俾斯麦赢得德国统一。此后，克虏伯家族备受政府当局倚重，其作为"德意志帝国兵工厂"的地位一直无人可以撼动。20世纪初，小阿尔弗雷德·克虏伯含着"金汤匙"出生。他记事不久后，家族便飞黄腾达。一战期间，克虏伯公司不仅大量生产军火、舰艇，而且在一年内招揽了数百名军火专家，研发优质弹药配方，生产了大量优质弹药。这场战争夺去了无数人的性命，但却为克虏伯家族带去整整8亿马克的利润，相当于其在和平时期20年的利润。

但小阿尔弗雷德的童年其实并不十分快乐，一战的残酷结局给年幼的小阿尔弗雷德留下严重的心理阴影：德国战败，父亲被宣判为战犯，原本如日中天的工厂只能接受被强拆的命运……这些"屈辱"很大程度上导致小阿尔弗雷德后来毫不犹豫地加入纳粹党，成为党卫军成员，全力效忠希特勒。因为在他看来，只有希特勒才能让德国挣脱协约国设置的牢笼，一雪德国战败的耻辱。

虽然处处受限，但克虏伯家族并没有被战争击垮，他们积极创办新公司，建立新工厂，买进原料加大生产投入。尽管有《凡尔赛和约》的限制，德意志民族却不愿俯首听命，克虏伯家族在德国参谋部的要求下秘密参加"重新武装"计划,并成功制造出第一批装甲车,克虏伯大炮的生产也在恢复中。

早在1931年,海因茨·古德里安等德国将领就意识到德国需要建立一支装甲部队。1932年,莱茵金属公司、克虏伯公司、MAN集团和戴姆勒-奔驰公司等众多大企业接受政府委托开发轻型坦克,以便为德军训练装甲人员。1933年,为掩人耳目,避开《凡尔赛和约》的限制,德国陆军部以研制农用拖拉机为幌子,命令上述公司继续研制一种重量在4吨到7吨的装甲车辆。虽然几家公司制造出的样车基本相似,但克虏伯的LKA1号样车最终中标。这种装甲车重6吨,时速37公里。经过改进,LKA1型战车以PzKpfw I型坦克的名字正式投入生产,并在几年后成为陆军作战主力。以此为开端,克虏伯自身也如同轰鸣作响的坦克,迈入了纳粹德国的战争轨道。

需要指出的是,克虏伯工厂的生产运营建立在强迫战俘和集中营的犹太人进行超负荷、无偿劳动的基础之上,这些杀人武器是由工人的血汗浇铸而成的。这或许不是小阿尔弗雷德故意为之,但战争期间,德国工人基本都被征到前线,导致德国国内劳动力严重短缺。要维持工厂的正常生产,来自欧洲各国的大量战俘无疑是最佳选择。

1943年之后,克虏伯工厂开始大量使用集中营的犹太人。这些犹太人在克虏伯的皮鞭下工作,即使遇到盟军飞机在上空轰炸,也被禁止离开工厂。据统计,到战争结束时,"克虏伯奴隶"多达10万人。

随着纳粹德国的垮台,克虏伯公司也迎来"诸神黄昏"。作为希特勒帮凶的小阿尔弗雷德在自家别墅被美军逮捕。在纽伦堡军事审判中，他的罪名是"反人道、掠夺被占领地区和阴谋反对和平"，小阿尔弗雷德对罪行供认不讳，被判处12年监禁。而克虏伯家族的别墅旋即被征用为英美煤炭管制委员会总部。

为防止德国东山再起，彻底击垮纳粹势力，美、英、法、苏不仅分区占领了德国，而且有意打压德国工业，实行"非工业化"政策，德国的工业生产能力被人为地限制到1938年工业水平的一半，并被剥夺战前拥有的所有技术专利权。车床、机械工具、轧钢机等众多德国重工业设备被有计划地拆迁，或移至盟国境内充抵战争赔偿款，或被同盟国政府接管，而克虏伯工厂则由英军接管。

就在大家都觉得克虏伯即将终结时，冷战爆发。受冷战影响，美英积极扶植德国的工业发展，德国在欧洲的地位逐渐恢复。与德国同样受益于美英实用政治的还有小阿尔弗雷德，在二战结束后的1951年，小阿尔弗雷德就和另外60多名犯人一起被提前释放。

小阿尔弗雷德出狱后回到埃森，第一件事就是清点资产，重振家业。他深知要想保住克虏伯家族全部的财产是不切实际的，出狱后第二年，小阿尔弗雷德就果断与占领当局达成协议，以损失部分财产换得克虏伯公司免遭解体倒闭的厄运。于是，克虏伯家族的重工业、煤矿和钢铁设施都被转让给一家公司，由小阿尔弗雷德负责拍卖，而余下的造船、汽车制造和机车行业的股权则得以保住。

作为对小阿尔弗雷德被迫出让资产的补偿，他获得了一笔高达2.5亿法郎的补偿资金。小阿尔弗雷德曾对董事会平静地说："我原以为（企业）需要半个世纪才能重新建造起来，但我从不怀疑会有东山再起的那一天。"在这种自信下，加之内外条件均已成熟，仅用了不到10年时间，"克虏伯王朝"便东山再起。这个原本濒临衰亡的企业，不但起死回生，而且其规模很快超过了二战时期的鼎盛规模。

小阿尔弗雷德临死前，他选择将这家企业交给了基金会而非家族内部掌握，基金会的运行规则明确指出可以接受外来投资。他做出这样的选择，可能多少隐含了他对当年沦为纳粹帮凶的愧疚情感，也是向德国社会做出的交代。

又经过半个世纪的发展，克虏伯和蒂森合并，成为蒂森克虏伯集团。这家集团在全球范围内经营包括工业解决方案、材料技术、电梯技术、汽车零部件和工业服务等多个业务领域，常年名列《财富》世界500强企业榜单。

法本：纳粹孕育的化工巨兽

穿越世纪风沙后，IG法本集团的名声几乎已被今人彻底遗忘。但在20世纪二三十年代，它却以名列前茅的庞大规模和先进技术，焕发出让世界化工行业瞩目的光彩。然而，在纳粹德国兴起的那段日子里，法本公司扮演了为虎作伥的角色，它不仅全力资助希特勒，更蔓生出一条罪恶的黑线，从衣冠楚楚的商业精英圈直通人间炼狱般的奥斯威辛。这条黑线浸泡在无辜者的血泪中，其尽头是法本帝国注定衰落的结局。

当1939年第二次世界大战全面爆发时，IG法本集团已走入成立后的第15个年头。这家集团的前身法本公司成立于20世纪初期，其构成者鼎鼎大名，包括拜耳、巴斯夫、爱克发3家化工和制药企业。通过这种联合，三巨头避免了相互恶性竞争，并共同分享技术成果。在一战期间，在德国政府的牵引之下，另外 5 家主要制造合成染料的公司也加入其中。无论规模大小，这 8 家企业都各自保持独立地位，依然拥有原先的产品品牌，单独交易股票、结算利润，但又统一调配生产原料、制定价格等，以此各尽其能，共享资源。

1925 年，8 家公司正式组建了新公司，并为这个庞然大物起了新名字，名为"染料工业利益集团有限公司"（Interessen-Gemeinschaft Farbenindustrie AG）。人们习惯性地称其为法本，并在前面加上 IG 前缀来和最初的法本公司相区别。集团首任主席由卡尔·博施担任。

博施可谓来头不小。早在一战时期，他就代表法本公司为德国这台战争机器作出了"积极贡献"。他与另一名化学家弗里茨·哈珀共同发现了利用氮气制造氨的方法，从而批量制造炸弹原料硝酸钾，公司的另一个研究小组还研制出了毒气。一战结束后，博施敏锐地抓住短暂的经济复苏机会，拉入 5 家企业，为 IG 法本集团立下赫赫大功。

博施不仅精通化学，熟悉商业合并之道，还很会观察政治风向。希特勒上台担任总理之初，曾召集德国工商业界精英们聚会，IG 法本集团也派人参加。这些企业精英们原本打算和希特勒谈谈条件，但整场聚会却变成了希特勒兜售其理论的主场。希特勒和他的手下赫尔曼·戈林说得唾沫四溅，一会儿谈德国就要内战，一会儿说外部威胁越来越大，总之，必须有人掏出 300 万马克赞助纳粹党赢得国会大选，才能避免国家的彻底混乱。只有这样，和平局面才能得以维持，工业生产才可以正常运行。思虑再三，博施还是带头同意以 IG 法本集团的名义向希特勒党羽捐出 40 万马克，帮助其竞选。

自此，希特勒就对 IG 法本集团留下了深刻印象，但博施内心其实看不起希特勒的那一套，觉得他的招数幼稚可笑。不仅如此，他甚至还向希特勒陈情，诉说公司如果也执行迫害犹太人的政策，就会导致很多优秀的科学家甚至董事本人都受到影响。然而，随着希特勒势力迅速扩大，博施很快带着 IG 法本集团全面投入其怀抱，这是因为在成为"元首"后，希特勒做出两个选择：对外侵略、对内发展合成技术，这两者都能为 IG 法本集团带来短期的巨大收益。

早在集团刚成立时，博施就购买了煤炭氢化法技术，专门用于制造合成石油，并在莱比锡附近建造了德国第一家人工合成石油工厂。在十余年的准备期中，这家公司生产储备了大量合成石油、合成橡胶，并为此付出了上亿马克的沉没成本。然而，由于经济危机影响，全世界范围的石油价格都普遍下跌，合成石油受到的冲击更大。博施不得不向希特勒寻求帮助，而希特勒也豪爽地答应花钱买下 IG 法本集团全部的合成石油产品。

1939 年，随着二战全面爆发，IG 法本集团的合成燃料技术立刻大显其能，让德国得以冲破贸易战所造成的资源瓶颈。虽然博施在 1940 年去世，但他为 IG 法本集团奠定了强大的基础，德军在二战中使用的 100% 的甲醇和润滑油，80% 的炸药、70% 的黑火药、35% 的硫酸都出自 IG 法本集团之手。美国参议院在 1943 年的一份专项报告中如此断言："如果没有 IG 法本集团，就不会有希特勒的战争。"

IG 法本集团提供的产品如此重要，希特勒当然大加赞赏。他下令德军每攻下一个城市，IG 法本集团就能得到那里的化工厂。

在战争初期，IG 法本集团的规模迅速增长，从 1932 年的年收益 4800 万马克，暴增到 1943 年的年收益 8.22 亿马克。

抢地盘只是一方面，IG 法本集团还通过和纳粹的特殊关系直接抢劳动力。1942 年，这家公司在奥斯威辛集中营 3 号营地莫诺维茨开设工厂，IG 法本集团从此成为纳粹德国历史上唯一在集中营里自主生产经营的企业。从此时到 1945 年，党卫军陆续将 30 万劳动力送了进来。由于繁重的体力劳动、不断恶化的工作和生活环境，工人们在这里的平均寿命竟然只有 3 个月。战争就这样为 IG 法本集团带来了和平年代无法想象的低成本，因此他们得以加速技术创新的步伐。二战期间，该公司的研发支出与销售收入之比在世界企业排行榜中名列第一，其申请获批的国际专利数也达到 889 个，占全球化工企业所获得的专利的 17%；同时期美国的杜邦公司只拿到 321 项的专利授权，而这个数字也能稳居世界化工企业第二名。

当然，IG 法本集团研发的产品也并不都是常规用途的，即使用纯粹的战争眼光来看，该企业这段时间的历史也相当不干净。死在莫诺维茨工厂的总人数在 3 万以上，但相比二战期间德国集中营内死于毒气的总人数来说，这个数字只能算是零头。当时，IG 法本集团旗下的"德意志害虫防治公司"打着防治害虫的名义研究毒气，臭名昭著的齐克隆 B 型毒气就从这里诞生。它被管道运输到每个集中营地下，直通恐怖阴森的毒气室，那里日复一日地进行着高效而"科学"的灭绝性大屠杀。上百万无辜生命成为亡魂，只留下墙上深深的抓挠痕迹，让后来的参观者无不毛发倒竖、久久沉默。

而且 IG 法本集团曾侵害过的生命并非只限于集中营内。20 世纪 20 年代，德国就成为全欧洲最大的吗啡生产国、全球最大的海洛因生产国。纳粹政府里还有专门的政策小组，称为"鸦片和可卡因部"。在此基础上，法本公司的科学家弗里茨·豪斯维尔德博士研制出一种高纯度的精神毒品，名为甲基苯丙胺。30 年代末期，它以"柏飞丁"的名称投入军方，随即迅速走俏。

在二战的天空战场上，德国飞行员们对这种片剂特别青睐，它能在短期内减轻使用者的疲劳感，还能增强勇气和斗志。这种药后来很快被称为"斯图卡药片"，"斯图卡"正是德军俯冲式轰炸机的名称。德国媒体随之将这种药物吹嘘一通，说服用这种药物可以让德国士兵无所畏惧、勇猛狂暴。实际上，这种药在德国陆军中也被大量使用。闪电战初期时，国防军在 3 个月内就使用了 3500 万片甲基苯丙胺。1940 年 5 月 10 日深夜，集结在德法边境的 6 万名士兵将各自手中的药片溶解在军用水壶中，随后一饮而尽。激烈的化学反应很快让每个人都亢奋无比，这支先头部队如同钢铁洪流一样冲入法国，很多人三天三夜未曾合眼，只知道冒着战火不断向前突击，即便是面对死亡也不能让他们停下来。这样的进攻速度远超对手预料，法国迅速投降也就此成为定局。

战争结束后，德军大规模使用甲基苯丙胺的事情才得以暴露，这种药物迅速被禁止，而今天它有了令全世界更为熟悉的名字——"冰毒"。

1943 年开始，随着战争局势逆转，IG 法本集团的末日就在眼前。盟军不断推进，集团遍布欧洲的工厂几乎无一不暴露在空袭之下。在路德维希港，它的一家工厂在短短两年内就被轰炸了 652 次。

1945 年德国投降后，IG 法本集团的资产已分别控制在英国、美国和苏联手中，23 名集团领导人被送上军事法庭。但由于美国的战略需要，这些领导人获得的刑期最多也只有短短数年。当他们出狱后，IG 法本集团已不存在，它被分解为 22 家企业，其中最核心的 3 家是巴斯夫、拜耳与赫希斯特，这些企业将会继续书写德国化学工业的未来，而这段历史，想来是不愿意被提及的存在。

京特：第三帝国的军火库

在希特勒的世界霸权计划中，经济与军事同样重要。所以，希特勒十分注重加强同经济界实业家们的接触与联系，并采取一系列促进经济的措施和改革，京特·匡特就是其中重要的一位。

在希特勒上台之前，京特就与希特勒有过接触。1931 年，经钢铁老板保尔·洛德和银行家保尔·哈迈尔牵线，京特与希特勒在柏林的凯瑟霍夫酒店见面，两人探讨如何解决德国的经济危机问题。交谈中，希特勒还向京特保证，如果他执政，不仅要借助公共基础设施的建设来增加就业岗位，还将靠增加军火生产来促进就业。

尽管京特本人没有任何政治野心，但对于拥有两家军工企业的他来说，希特勒加强德国军备生产的计划还是很有吸引力的。出生于商业世家的他，并非期待民族复兴、洗刷耻辱的那种人，他最关心的是企业、股东、员工和客户，他将所有的精力都集中在如何让公司持续盈利并扩张上，他所有的言行都是为了达成这个目标。但是，在那样一个无序和混乱的时代，要获得商业利益，就要靠近权力中心，获得政治资源。京特的策略是对一切政治事件都要早做准备。

为了能够接近权力上层以便为生意铺路，京特在1933年加入纳粹党，成为支持希特勒扩军和备战政策的德国精英中的一员。第二年，他命令旗下德意志武器和弹药厂生产《凡尔赛和约》没有禁止的弹药机械。但仅仅恢复这一部分生产对京特来说远远不够，他在吕贝克新建了一家生产尖端兵器的工厂，并修建了1900米的超长射击轨道。他还创办了一家配备实验室和实验车间的大型研究所，在所里专门设立了数学部，从事制造弹药的理论研究。京特的种种举措带来了巨大成功——德意志武器和弹药厂在短短几年内，不仅弥补了因为《凡尔赛和约》造成的德国军事技术的滞后，还取得世界领先的地位，成为第三帝国的重要兵工厂。

希特勒对京特的表现很欣赏，也给出了回报。早在刚成为总理时，他就宣布要在德国修建新公路、免除汽车税。整个德国从1933年4月1日开始，所有申领执照的新车都免缴车辆税，于是新购车辆的数目立刻飙升，整个汽车供应链随之迎来了发展时代。"元首"的汽车计划不仅成就了费迪南德·波尔舍这样的汽车大亨，京特·匡特的核心企业——蓄电池厂股份公司更是这项政策的受益者。

在第二次世界大战前期，希特勒的部队之所以能够连连取胜，除了"闪电战"，另一个重要因素是号称"狼群"的德国潜艇给英国海军造成的威胁。温斯顿·丘吉尔在战后曾承认："在战争期间，唯一让我真正害怕的东西就是潜艇造成的威胁。""狼群"活动最猖獗时，几乎切断了大西洋航线，因此扼住了英国的喉咙。

更重要的是，潜艇战和反潜战贯穿整个战争过程，不仅对战局起到了重要作用，而且对战后海军的发展也产生了深远影响。受潜艇战影响的不只是海军，京特的蓄电池厂也因为潜艇获得了新的生机，因为蓄电池是潜艇至关重要的核心部件。此外，坦克、战斗机的蓄电池也由京特工厂生产。最后形成一种局面，即不管在德意志帝国的什么地方发明一种带电子组件的新式武器，都有大量技术人员直接咨询京特的蓄电池厂。1944 年，京特的蓄电池厂甚至参与了导弹研制。

1941 年，京特收购了一家制药厂——比克·古尔登厂股份公司，主要是为蓄电池厂提供更好、更便宜的化学原料。更重要的是，京特深知制药厂是一种在战争与和平年代都能获利的企业，可以部分化解战后因军工企业倒闭带来的经营危机。多年以后，以比克·古尔登公司为核心发展起来的阿尔塔纳集团，在匡特家族第四代继承人苏珊的领导下，成为世界著名的化学及制药跨国公司。

另外，当看到陷入战争泥潭的德国所遭受的破坏情况，在战争进行到一半时，京特就开始考虑企业在战后如何重生的问题。战后初期最主要的经济活动必然是城市重建，于是，京特开始悄悄寻觅一家发展空间大的建筑公司。他盯上了法兰克福的菲利普·霍尔茨曼公司，暗中收购其股票。可惜，纳粹政府的经济掠夺政策让京特无法逃脱，京特被迫将手中的霍尔茨曼公司股票转让给国家银行，导致收购建筑公司的计划夭折。

纳粹时期，京特不仅在国内大肆扩张家族工业规模，还充分利用纳粹取得的军事胜利，将触角伸向被占领的东欧国家。根据《慕尼黑条约》割让给德国的苏台德地区，是捷克的重要工业区。1939 年，德军开进捷克斯洛伐克，紧随其后的是德国银行家和工业家。同年，德意志银行收购捷克的波希米亚联合银行。该银行成为纳粹在捷克的代理人，负责购买和重新分配捷克企业的股份，尤其是对犹太人财产的分配。京特和德意志银行接触甚密，得知波希米亚联合银行的这一项业务后，便通过波希米亚联合银行，以极便宜的价格收购捷克的企业。

1941年春，德国占领希腊。随后，蓄电池厂股份公司便收购了希腊的重要企业——帕克电池厂。1941年6月，德国突袭苏联后，京特以给德军提供侦察和补给之名，千方百计地让德国采购公司的蓄电池产品。在德军突袭成功后，蓄电池厂股份公司迅速在苏联里加、克拉科夫和伦贝格等城市建立了生产基地，甚至还计划在德军尚未占领的地方建立基地。

1945年，看似无坚不摧的"第三帝国"垮台。一年后，潜逃的京特·匡特被美军逮捕。他曾为纳粹供应大量军需物资并使用强制劳动牟取暴利，本应作为战犯接受审判，但受冷战影响，在美、英等西方国家看来，德国经济重建的重要性远远超过对"第三帝国"企业家的追责。在美国的"关照"下，京特·匡特在一个地方法庭被判为法西斯的"胁从者"，被无罪释放。

幸运之神似乎格外眷顾京特·匡特，他不仅被免除了牢狱之灾，企业重建时又正好遇上德国货币改革。1948年，为了抑制通货膨胀，西德政府发行"西德马克"取代原帝国马克，由此引发的后果就是债权人面临破产，负债人一身轻松。原本债台高筑的京特此时可以毫无压力地还清债务，而他拥有的地产和工厂等固定资产却大幅度升值，命运逆转只在一瞬。此外，1950年朝鲜战争爆发，美国及其盟国急于扩充军备，京特·匡特的军工厂因此再获新生。

枪王之王瓦尔特

1945年4月30日，柏林炮声隆隆，城市一片废墟。在总理府地堡里，希特勒吃完最后的午餐，在走廊上向所有助手一一告别，并指示秘书和卫队不要打扰自己并务必事后烧掉尸体。随后，他和新婚妻子爱娃·布劳恩走进房间，关上了门。"漫长"的几分钟过后，传来了一声枪响，人们打开房门，看见服毒自杀的爱娃倒在地上，而希特勒则倒在桌上，太阳穴上有一处枪伤。两人的尸体旁，各有一支精致的金质小手枪。

这支结束了战争狂人罪恶生命的手枪，正是德国卡尔·瓦尔特运动枪有限公司制造的PPK手枪。早在二战之前，除了大型攻击型武器生产企业外，德国的小型枪械公司在世界武器界同样占有一席之地，比较有代表性的正是瓦尔特运动枪有限公司。

直到如今，瓦尔特运动枪有限公司生产的PPK手枪依然闻名遐迩，还登上了全球瞩目的商业电影。著名的007系列间谍主题电影从1962年拍摄到2024年已有25部，剧中男主角詹姆斯·邦德的扮演者一直在变，但邦德随身携带的防身武器却始终没有变过，那就是PPK手枪。这支手枪因电影的热播而备受追捧，而生产PPK手枪的公司——卡尔·瓦尔特运动枪有限公司也得以享誉全球。

卡尔·瓦尔特运动枪公司是德国一家历史悠久的老牌枪械制造公司。早在19世纪80年代中期，卡尔·瓦尔特便在德国图林根州创办了一家小作坊，主打产品为枪械。当时作坊的条件很简陋，只有一台脚踏式车床、一台虎钳和一座铸炉，这间陋室支撑着临近而立之年的卡尔·瓦尔特的枪械制造梦。

卡尔似乎与生俱来带着枪械生产制造的责任。其父亲奥古斯都·瓦尔特是当地有名的铜铁金属工匠，而母亲罗萨莱出身于枪械工匠家庭。据说，早在 18 世纪，母亲的先祖就曾打算创建枪械企业，只是始终未能成功。到卡尔这辈，他从小就跟随父亲学会了锻造金属的好手艺，后来又师从优秀的枪械工匠，终于成长为优秀的枪械工程师。

20 世纪初，在大儿子弗里茨的建议下，痴迷于手枪制造的瓦尔特决定追求自我突破，这次他要进击的是一项前人尚未涉足的新领域——自动手枪的研制。经过无数次试验和不断地失败重来，瓦尔特终于在 20 世纪初期成功推出第一支小型自动手枪——M1 自动手枪，这是一款绝佳的防身武器。后来，卡尔·瓦尔特又生产出与 M1 相似的 4 种型号的自动手枪，都受到政府和军队的欢迎。

第一次世界大战是卡尔·瓦尔特公司的第一个重要转折，大量的政府订单极大地刺激了公司的发展，雇员增至 500 多人。第一次世界大战爆发后，瓦尔特为德军专门研制出 M6 军用手枪，然而德意志皇家卫队并不满意 M6 手枪的设计结构，所以该型号手枪总共生产了不到 1000 支。不过，"失之东隅，收之桑榆"，凭借过硬的性能和技术，M1 手枪却为卡尔·瓦尔特公司赚足了人气：第一次世界大战期间，所有的德国本部军官都携带着 M1 手枪。

卡尔·瓦尔特去世后，他的几个儿子继承衣钵，推出了一种全新手枪——警用手枪（polizei pistole），简称 PP 手枪。和已经问世的各类手枪相比，PP 手枪创造性地将转轮手枪的双动发射结构应用在自动手枪上，这在手枪发展史上可谓划时代的跨越。此种结构创新在现代自动手枪上都有使用，成为世界上应用时间最长、应用范围最广的手枪结构。

希特勒上台后，逐步冲破《凡尔赛和约》的束缚，走上"全副武装"之路。德国各军工企业在"魏玛和平年代"的短暂沉寂后重新活跃起来。1938 年，卡尔·瓦尔特公司受命提交的自动手枪设计方案被德军制式采用，定名为 P38 手枪，以代替造价高昂的鲁格 P08 手枪，并于 1939 年交付使用。

二战爆发时，各国军队所配备的手枪型号不同。它们的生产工艺虽不如今天发达，也不可能具备现代化、模块化的设计理念，但其中也有部分型号代表了时代工艺美学的巅峰成就。P38 手枪就是其中的典型。

P38 手枪的很多设计理念都领先于当时的科技水平，除了沿袭 PP 系列手枪的双动发射、装弹指示等先进结构外，它还是世界上最早使用自动击针锁定系统的手枪。P38 手枪采用更为安全可靠的双动发射系统，所以即使膛内有弹，也不会出现走火的意外，而且操作简单，制动快，仅需扣动扳机就可以同时完成竖起击针和射出子弹的一系列动作。这种设计结构尤其适合应对突发情况，毕竟在瞬息万变的战场上，快速开火远比瞄准更重要得多。P38 手枪因此成为第二次世界大战期间德军使用的主要手枪，仅第二次世界大战期间就生产出 100 万支以上。战争结束后，这款手枪也一直在生产，直到 2004 年才最终被淘汰。

虽然 P38 手枪性能优越，但瓦尔特公司没有忘记 PP 系列。20 世纪 30 年代，卡尔·瓦尔特公司又推出微型版的警用手枪，这就是后来广为人知的 PPK 手枪。该型号手枪集世界上先进的设计技术于一身，而且小巧轻便、易于隐藏、性能稳定，受到使用者的青睐，一经问世就被德国政府高官、军队将领、秘密特工及刑侦人员作为首选自卫武器而大量配发。希特勒也是PPK手枪的铁杆粉丝，当盟军的坦克开进柏林时，大势已去的希特勒就用他最钟爱的金质PPK手枪自我终结。

P38手枪的成功不仅让卡尔·瓦尔特公司获得巨额利润，而且提高了公司知名度，使之成为世界上著名的枪械制造公司。1941年，卡尔·瓦尔特公司以其自主研发的Gew41式半自动步枪完胜老牌军工企业毛瑟公司，被德军采用。但是其枪体笨重、子弹填装复杂的弊病明显，并不受士兵欢迎。后来，参照性能更优的苏联军队装备的SVT-40步枪，卡尔·瓦尔特公司将Gew41升级为Gew43，外观和性能都大大提升。

同德国其他军工企业一样，卡尔·瓦尔特公司在战后被美军接管，后来又转到苏联名下。1953年之后逐渐崛起，主要为德国军警提供合适的防御武器，在军工企业界活跃至今。

第8章
涅槃重生（1946—1963）

第二次世界大战的烽烟散尽并不意味着世界大同,冷战接踵而至,德国在政治上被东西方阵营一分为二,但在经济上却共同接受了"第三帝国"留下的遗产。而且,德国工人的技术能力、企业管理层的组织能力也并未因战争而遭受破坏,即便在1945年,德国的工业生产能力也高于发动战争时20%。有此作为基础,联邦德国在"马歇尔计划"及美英的刻意扶植下迅速复苏;民主德国在苏联的指导与帮助下,积极发展社会主义经济,成为经济实力仅次于苏联的华约国家。在战后重建计划的带动下,西德和东德均通过修复基础设施、获得经济援助的方式来恢复经济活力,帮助战前活跃一时的企业重新开始生产和运营。

在两个德国中,西德继承了原有德国工业经济的大部分资源,包括93%的钢铁、68%的机械和65%的化学制造能力,还包括具有丰富生产经验的劳动力资源、现代交通通信生产基础资源、人造合成材料科研能力,以及各种科学家、工程师、技术员所具备的高科技知识资源等。到20世纪50年代,西德政府制定了重建设、重投资、重集中、重联合的方针,尤其注重推动经济自由化和市场开放,鼓励企业面向外国获得投资并展开贸易合作。这些都为保时捷、大众、宝马等战前就拥有强大实力的企业提供了更广阔的发展机会,并促使它们面向新形势下的国际市场,并与之接轨。

当内外条件皆已具备时,德国的工业犹如浴火凤凰,只待涅槃重生后,再次震撼世界。

贝塔斯曼点书成金

战争让德国工业回到原点,断壁残垣、满目疮痍的德意志即便有未被战火燃尽的厂房设备,也只能接受搬迁或解体的命运。尽管如此,经受了战火历练的德意志工业却犹如凤凰涅槃,再次以傲人的身姿震撼世界。其中,比较典型的就是传媒帝国贝塔斯曼集团,有学者评价它的重建过程就相当于一部战后德国的历史。

1945年11月,这家公司第五代接班人、没有任何出版经验的莱恩哈德·摩恩走进了总经理办公室,从此时开始,他将逐步代替父亲掌管公司。此时贝塔斯曼的人们尚未想到,这家百年老店即将迎来华丽转身。

贝塔斯曼集团的历史最早可以上溯至19世纪30年代,印刷商卡尔·贝塔斯曼在德国的居特斯洛创建了卡尔·贝塔斯曼图书印刷公司。最初,这家公司只是一个出版《圣经》和创作圣歌的小作坊,经过两代人的努力,公司的出版物才从单一的宗教读物扩展到小说、哲学、教育领域。

贝塔斯曼家族传到第三代时,只剩下一个女儿弗里德里克·贝塔斯曼,后来,她和一位牧师之子乔汉纳·摩恩结婚。从此,公司领导权由摩恩家族掌握。乔汉纳·摩恩上任后,贝塔斯曼公司再次转为宗教读物印刷公司。

20世纪20年代,乔汉纳的儿子海因里希·摩恩接管公司,开始实施公司的现代化管理改革,建立起一套全新的销售、会计和成本核算等管理机制。海因里希患有哮喘病,需要长期住在山区,而那时的科技条件还不能实现远程办公,于是,海因里希大胆引入外部人才,授权这些人管理公司。这在当今的经营管理领域不值得大惊小怪,但在当时却是一项创举。通过推行放权激励员工的政策,海因里希招揽到销售天才弗里茨·威克斯福斯。

威克斯福斯担任贝塔斯曼公司的销售总监后,通过大胆采用巨幅彩色海报、特殊橱窗排列及有奖销售等图书促销方式,为以宗教读物为主的贝塔斯曼打开了更广阔的小说和流行读物市场。到二战爆发时,贝塔斯曼公司已从14名员工的小企业变为拥有400名员工的中型公司。此后,贝塔斯曼公司根据形势变化,积极调整业务内容,专门为部队供应一系列定制图书,取得了极大成功,很快成为德国生产量最大的出版商。

然而,战争毕竟是十分残酷的。由于贝塔斯曼公司所在的居特斯洛市邻近纳粹军用机场,这座城市遭遇了无数次盟军的空袭,贝塔斯曼公司大楼也在轰炸中被彻底毁掉。所幸公司最重要的设备——印刷机器幸免于难,这相对减轻了贝塔斯曼公司的重建成本。

战争结束后,贝塔斯曼公司重回起跑线。公司旗下的出版社虽然已经恢复运转,但如何有效避免经营风险,如何确保合作的印刷厂也能实现效益最大化,如何让公司业务保持稳定、脱离图书销售淡旺季的圈子,这些都是迫切需要解决的问题。

对此,莱恩哈德和威克斯福斯等人推出了"读者俱乐部——贝塔斯曼"项目,也称为贝塔斯曼书友会。事实上,书友会并不是贝塔斯曼公司最先提出并实施的,当时德国已经有40多家书友会,如戈尔德曼出版社的侦探小说俱乐部、士兵联合会主办的沙恩霍斯特图书战友会等。但是,在贝塔斯曼书友会创办之前,书友会是自成一个运营体系的，它和图书业，"一般人都认为就像火和水、白天和黑夜一样互不相容"①，二者是一种竞争关系，众多图书零售商都认为书友会是图书零售业的掘墓人。

而贝塔斯曼书友会的出现，改变了这种势不两立的局面，促成了书友会和图书零售商的关系从竞争走向互利共赢。在贝塔斯曼书友会体系中，由各零售书店负责招揽会员，会员"属于"各个书店，同时贝塔斯曼会再给予零售书店一笔酬金作为管理费，会员在零售书店里可以以折扣价格买到贝塔斯曼的图书。贝塔斯曼公司把这种书友会定名为"读者俱乐部"。1950年6月1日，贝塔斯曼读者俱乐部正式成立，其箴言是"在引导民众接近图书的同时赚钱"②。仅用半年，贝塔斯曼读者俱乐部的会员就有了5.2万人；到1952年底，会员已经猛增到35万人。

读者俱乐部成功运营的根基是会员，而且只有会员人数越多，图书的生产成本才会越低，出版社才能有更多的利润可赚。1952年的一天，一位图书推销商驱车来到贝塔斯曼出版社大楼前，他的车子上绘制了巨大的贝塔斯曼读者俱乐部的广告，两侧的窗户被切割掉两排，便于人们看到放有读者俱乐部图书的书架。这种移动书店为他招徕了不少顾客。

威克斯福斯大受启发，立即让人定做这种车，开始了贝塔斯曼读者俱乐部新一轮的强势宣传。到1953年，200辆贝塔斯曼宣传车穿梭于德国的大街小巷，这一举动让读者俱乐部的会员飙升

---

① 托马斯·舒勒尔. 贝塔斯曼背后的家族[M]. 朱刘华,黄孝阳,译. 广州:花城出版社, 2008:153.
② 仲继银. 公司的骨骼:那些伟大企业的前世今生[M]. 北京:中国发展出版社, 2011:172.

至 95 万人。

但是随着时间推移，为招徕会员，部分广告代理商采取了不正当的竞争手段，使得人们开始反感贝塔斯曼读者俱乐部，社会上接连出现对贝塔斯曼公司的负面报道。为重塑贝塔斯曼的正面形象，1954 年 4 月 15 日，莱恩哈德在汉堡庆祝贝塔斯曼读者俱乐部的第 100 万名会员时，当众宣布设立卡尔·贝塔斯曼基金，用来资助年轻的作家。莱恩哈德的这一举动主要是想向全社会宣告贝塔斯曼公司不只会赚钱，而且愿意回报社会，履行出版人的文化责任。

贝塔斯曼读者俱乐部的飞速发展是莱恩哈德事先没有预料到的，不久，印刷厂和装订车间的生产开始无法满足迅猛增长的需求量，贝塔斯曼公司的印刷机器全负荷运转也只能满足一半的市场需求量。于是，莱恩哈德开始不停地扩建工厂，但这让贝塔斯曼的资金链出现了问题，银行因此拒绝为其贷款。

针对这种情况，莱恩哈德创立"利润分享"制度，即把企业的一部分利润分给员工，但有一个条件，即直到退休为止，员工们必须以 2% 的优惠利息将这笔钱"借"给他。如此一来，莱恩哈德既不必为这部分利润纳税，还建立了一家自己的"银行"。"利润分享"实施的 5 年内，莱恩哈德共节约了 1000 万马克的资金。

此外，这笔分红也有效地激发了员工的积极性，使得员工为企业工作就像为自己工作一样。这种隐形生产力必然带来超乎想象的利润，同时，这一制度也为莱恩哈德赢得了很高的社会声誉，被人们称为"红色摩恩"。

除了出版图书，贝塔斯曼公司还涉足影视娱乐界。1956 年，贝塔斯曼乐友会成立，开始出售唱片。但因为唱片公司一般都不想出让版权，现有为音乐公司服务的刻录厂也不愿和贝塔斯曼公司合作，于是，莱恩哈德在 1957 年创办 Sonopress 刻录厂，1958 年又建立 Ariola 唱片公司，奠定了贝塔斯曼在唱片界的地位。1969 年，贝塔斯曼参股汉堡出版社——古纳雅尔，作为进军杂志领域的重要一步。后来，古纳雅尔成为欧洲最大的刊物公司。

莱恩哈德做任何事情都先人一步，他坚持"管理就是服务"的理念。因为管理方式的独创性和人性化，1998 年《时代》周刊将莱恩哈德标榜为"世纪企业家"。如今，贝塔斯曼集团已经是世界上首屈一指的传媒帝国，旗下的兰登书屋是全球最大的图书出版公司，古纳雅尔是欧洲最大、世界第二大杂志出版商，卢森堡广播电视公司（Radio-Tele-Luxembourg, RTL）是欧洲最大的广播和制作公司。

保时捷的速度与激情

保时捷设计与研究公司，在战前是一家特殊的汽车生产企业。在波尔舍家族的领导下，他们设计并生产保时捷牌超级跑车，将之变成本企业的拳头产品，也承接德国其他汽车企业的技术研究、设计开发工作。在很长一段时间内，后者提供的利润更多。

1938 年成立的大众汽车公司，属于保时捷的重要客户，"甲壳虫"车型就出自保时捷的设计手笔。但随着战争的爆发，双方合作仅仅过了一年就中断了。

战后，费里·波尔舍成为保时捷公司新的领导者。为了重启合作，他同大众汽车厂达成协议。

一方面，大众汽车向保时捷公司供应汽车配件，并协助保时捷汽车的销售和维修，保时捷为这些服务付费。

另一方面，由于"甲壳虫"的设计方案来自保时捷，随着"甲壳虫"车型重新投产，大众每销售一辆"甲壳虫"车，就应付给保时捷 1 马克专利费。

作为协议的补充，保时捷公司还获得了大众汽车在奥地利的代理销售权。通过销售大众汽车，保时捷公司日后获利颇丰。

找到了可靠的盟友，还要找到稳定的公司总部。1950 年，为长远发展考虑，费里·波尔舍将保时捷公司从格蒙镇迁回德国汽车工业中心斯图加特的祖文豪森厂房。

回到祖文豪森不久，第一辆纯正德国血统的保时捷 356 正式推出。该车换上了全新的战袍，车身改用钢板材质，引擎由中置变为后置，车内空间更为宽敞，原本的"甲壳虫"钢索式刹车变为 ATE 液压刹车。最重要的是，每一辆 356 的每一处细节都追求极致完美，如车身钣件的每一条接缝都用厚薄规丈量过，确保都是 3 毫米。

如此近乎苛刻的制造标准，356 想不受欢迎都难。1951 年，克虏伯家族的灵魂人物小阿尔弗雷德·克虏伯刑满出狱后，看到保时捷 356，被其外观和性能吸引，立即买下一辆。直到去世，他都是保时捷汽车的铁杆粉丝。

保时捷 356 不仅在德国国内大受欢迎，在另一个汽车王国美国同样炙手可热。保时捷在美国热销很大程度上得益于美国进口汽车代理大亨马克西米连·霍夫曼的独特营销策略。霍夫曼一直十分敬重波尔舍家族，他从 1950 年开始做保时捷汽车的美国代理。精明的霍夫曼通过成立赛车队参加竞赛的方式，让保时捷 356 迅速成为美国市场的焦点。保时捷 356 既可以作为代步工具，又可以在竞技场中一展雄风，这是当时的美国本土汽车无法匹敌的。

1955 年，保时捷公司专门针对美国市场推出一款简易版的保时捷 356 1500 Speedster，售价在 3000 美元以下。超强性能加上低廉的价格，使得 1500 Speedster 在美国市场大受欢迎。从 1955 年起，保时捷公司的汽车有一半都销往美国。

20 世纪 50 年代可谓"保时捷时代"。由于经济发展，居民出行的消费需求不断增加，汽车供不应求，甚至连旧车也被疯抢。[①] 当保时捷 356 的产量达到 1 万辆时，费里将这款车改名为 356A。该车与 356 最明显的区别是采用了圆弧形一片式的挡风玻璃，视野较之 356 的两片式玻璃更加开阔，而且最高时速可达 178 千米/时。

其后，356B、356C 相继问世，每一款车的性能和外形都比前一款有大幅度提升。据统计，截至 1965 年保时捷 356 系列跑车正式停产，该系列总共售出 7 万多辆。

保时捷公司第一款为赛车而研制的车种是保时捷 550 Spyder，车身低矮，通体银灰色，无顶、无篷、无窗，唯有一片挡风玻璃。其性能卓越，无往不胜，先后夺得墨西哥泛美耐力赛冠军、Targa Florio 王座，被称为"水塘中的鲨鱼"。后来，保时捷公司为纪念这些荣誉，为装有 550 系列引擎的车冠以 Carrera 称号，意为"跑车中的跑车"。

只是作为保时捷汽车主要消费国的美国似乎并不买 Carrera 系列的账，市场反响很差。原来，大多数美国车主驾车悠闲，并不

---

① 林裕苍. 保时捷传奇 [M]. 北京:清华大学出版社, 2013:82.

追求极速快感，驾车就像是在街道漫步，他们喜欢享受那份怡然自得感。而 Carrera 本是为赛车而生的，美国人这种走走停停的驾驶方式，很容易导致发动机火花塞积炭失灵，车子启动困难。

为迎合美国市场需求，保时捷公司及时推出 Carrera 2 引擎，于是立刻扭转美国市场困局。尤其是保时捷 2000GS，其完美性能可与日后推出的保时捷 911 跑车相媲美，美国人终于有一辆可以"散步"的跑车。

保时捷跑车的成功也让费里·波尔舍开始思考汽车上的标志问题。在 1953 年之前，保时捷汽车并没有什么特殊标识，只是在车头镶上"PORSCHE"字样。几经思索，费里最终确定如今的"盾牌"标志。"盾牌"的设计灵感取自巴登 - 符腾堡州徽，跃立中央的黑马图案来源于公司所在地斯图加特市市徽，盾牌顶端嵌入最醒目的"PORSCHE"字样，三者融为一体，既暗含公司的历史，又凸显保时捷跑车的速度与不羁。

1963 年，法兰克福车展迎来一位"尊贵的王子"——保时捷 911，其车体小巧玲珑，加速极快，反应敏捷，功率大但噪声小。和保时捷 356 系列相比，911 才是最纯正的保时捷，因为自此之后，保时捷正式切断和大众汽车的脐带关系，不再大量使用"甲壳虫"的零件。

在保时捷 911 的基础上，公司又推出保时捷 911 Targa、911 S、911 Carrera 等型号的超级跑车，它们在世界各项汽车大赛中屡摘桂冠，成就了保时捷"跑车之王"的美誉。保时捷 911 的设计师费迪南德·亚历山大·波尔舍（费里·波尔舍的儿子）也因为成功制造出"20 世纪最成功的跑车"而被尊为"跑车之父"。

随着时间的推移，当劳斯莱斯被宝马收购、法拉利被菲亚特公司纳入麾下、宾利和兰博基尼被大众收入囊中时，仍然保持自我独立与特有个性的保时捷已经不单单是一个汽车的品牌，它以自身的卓越品质和速度魅力，成为汽车界的一个风向标——引领跑车时尚，代表了跑车家族的荣耀。如今的保时捷可以完全根据客户的意愿一次性实现其所想要的个性化设计，不用像其他豪车品牌那样受制于母公司。

"甲壳虫"跑出"永恒的经典"

战争的结束带来了和平，也带给了大众汽车公司的希望。从20世纪50年代开始，他们借助甲壳虫汽车这一产品，跃居德国汽车界的领导者行列。

在此之前，大众汽车公司生产的甲壳虫汽车就被英国专家界定为"最丑陋的车"，不具备任何发展潜力，但是英国占领军还是率先着手恢复大众汽车公司以及"甲壳虫"的生产。因为大众汽车公司对解决当地就业、缓和社会矛盾具有十分积极的作用，同时也有助于满足英国的部分进口需求。

然而，军队不可能长时间管理企业，这就需要找一个能完全按照英国政府意图来管理大众汽车公司的代理人。已经退伍的英国陆军上校赫斯特既拥有军方背景，入伍前又对汽车生产制造有所涉足，由此成为最佳人选。于是，他便被盟国管制委员会派到大众的沃尔夫斯堡汽车总厂负责侦察车、客车的生产。

此时的大众汽车并没有生产民用车的计划，大众汽车公司只能生产军车和公共事业用车，主要面向英国占领军、官员、医生、警察等客户群体，以及邮局等公共事业机构。赫斯特接手后发现大众的军车生产线损毁严重，而甲壳虫汽车的生产设备保存比较完好，便带领工人生产了一批甲壳虫汽车供驻厂英军军官使用，结果获得一致好评。

不久，赫斯特又将一辆甲壳虫汽车漆成英军军服的颜色，带回英国展示，结果博得了英国人的好感，顺利获得了大量来自英国本土的订单。随着甲壳虫汽车的被推广，它小巧独特的造型和优质低价的性能立即俘获无数民众，以致经常被抢购一空。到1946年，已经有超过1万辆甲壳虫汽车投放市场。

1948年，英国任命曾经在战时担任过欧宝卡车公司总裁的诺德霍夫为大众汽车公司的总经理。诺德霍夫上任时，恰逢西德积极开展货币改革，经济逐渐复苏，人们的收入大幅度提高，于是购车欲望被激发了出来。针对社会状况，诺德霍夫在秉承波尔舍的技术和设计风格的同时，也对甲壳虫汽车的营销方案进行了重新规划，在营销中着力凸显了可爱清新的车型、浪漫温馨的车内环境以及经济实惠等优点。这些优点正迎合了人们的需求，甲壳虫汽车迅速成为新一代消费者购买的首选车型。由于受到广泛欢迎，甲壳虫汽车的销量不断上升，成为欧洲最畅销的车型。销量的上升，拉动了批量生产的规模化。1948年，19244辆甲壳虫汽车下线，由此掀开了大众汽车公司的新篇章。

不久，大众汽车超越欧宝、戴姆勒－奔驰、宝马等成为欧洲最大的汽车制造厂，占德国汽车市场近一半的份额。1949年，赫斯特正式离开大众公司，西德政府收回大众汽车公司的经营权，并将其作为西德经济复兴计划中的一项重要内容。诺德霍夫开始带领大众汽车进军商业用车领域，并聘请波尔舍担任技术顾问。

20世纪五六十年代的大众汽车堪称德国汽车行业复兴的典范。技术上的不断创新，使得大众汽车成为行业领头羊。从1950年起，大众汽车公司批量生产了一款多用途的商用车，既可用于客运、货运或野营，又可以充当警车、消防车和邮政车等。因为性能百变，这种车在国外大受欢迎。

作为这一时期大众汽车的支柱产品，甲壳虫汽车在20世纪50年代中期换上新容颜——以自动启动装置代替风门，加之更为成熟的液压刹车踏板，使得其安全性能进一步提高。此外，车上还增置了雨刷，以便雨天行驶，同时加大后窗以增强视觉效果。升级后的甲壳虫汽车，成为大众汽车乃至德国汽车最耀眼的明星。

1955年，第100万辆甲壳虫汽车在大众全体员工的欢呼声中正式出厂，如此庞大的产销量使甲壳虫汽车一度成为德国经济恢复的标志。就连一向只乘坐梅赛德斯-奔驰牌公务用车的德国总理阿登纳，也坐上了大众汽车公司总裁诺德霍夫驾驶的甲壳虫新车，并在一次愉快的试车后对其赞不绝口。

大众汽车公司除了积极地进行自我改造和创新外，有利的国内外环境也成为其迅猛发展的一大助力。在那个年代，德国美元外汇储备严重不足的状况在一定程度上削弱了美国汽车的竞争力。另外，大众推行以国际市场为主导的发展战略，在加拿大、巴西、美国、法国和澳大利亚等国家建立了销售机构和生产制造工厂。在德国政府的有力扶持下，大众汽车公司的甲壳虫汽车出口量占德国汽车出口总量的一半，为德国创造了大量外汇，也让大众汽车公司成为战后的最大赢家。

可惜好景不长，1959年，甲壳虫汽车在美国市场遭遇消费危机。为挽回美国这个主要出口国，大众汽车公司在20世纪60年代初展开了一场声势浩大、耗费巨资的广告宣传战。在广告中，甲壳虫汽车被喻为一枚可以滚动的鸡蛋，如此可爱的宣传形式融化了美国民众的心，到1963年，大众汽车公司有一半的甲壳虫汽车都出口到了美国。7年后，大众汽车公司向美国出口的汽车突破500万辆。

到20世纪70年代，大众汽车公司生产了1500多万辆甲壳虫汽车，这一数字打破了福特汽车公司T型车在20世纪初的生产销售纪录，成为有史以来最畅销的汽车。可惜的是，为大众汽车公司创造了无数辉煌和奇迹的甲壳虫汽车在70年代之后被其他轿车所淹没。

随着人们经济收入的增长以及汽车的普及，人们对汽车的需求也在发生变化。对汽车，除了追求实用性，人们也开始注重审美。越来越多的人倾向于那些车身曲线优美、空间宽敞和性能卓越的高档轿车，而偏于小巧实惠的甲壳虫汽车渐渐被市场冷落，生产也被迫转移到墨西哥等南美国家。大众汽车公司转而生产帕萨特、高尔夫等更具竞争力的新车种。

即便如此，作为一个时代的缩影、一代人的骄傲，甲壳虫汽车已逐渐成为一种文化象征，成为汽车史上永不落幕的经典。迄今为止，全世界依然拥有大批甲壳虫汽车的粉丝俱乐部。

宝马的狭路与坦途

并非所有汽车公司都像保时捷那样能够在战后风生水起，宝马在战后便陷入了自成立以来最严重的经营危机，原因就是宝马公司在战争期间曾为德国空军生产飞机发动机，它的慕尼黑总部遭到同盟国的连番轰炸。战争结束后，宝马公司不但厂房被毁，连侥幸存留下来的1.2万台机器设备也被拆走，用以赔偿同盟国所受损失，宝马因而元气大伤。

战后的西德百废待兴，由于美、英对德国工业限制的松动和"马歇尔计划"的实施，西德工业开始全面复苏。到20世纪40年代末，宝马公司也恢复了摩托车和汽车的生产。但是，此时的宝马犹如过气明星，已经从战前生产航空发动机、汽车和摩托车的举足轻重的大公司渐渐沦落为一家微不足道的小公司。最终使宝马走出困境、走向辉煌的人是京特·匡特的长子赫伯特·匡特。

年轻时的赫伯特·匡特先后留学伦敦和巴黎，随父亲京特·匡特周游全球，并在美国、英国和比利时的工厂实习过。后来，他协助父亲管理家族企业近20年，积累了大量商业和财务管理经验。京特·匡特去世后，遵照父亲遗嘱，赫伯特和弟弟哈拉尔德平分遗产，赫伯特掌管匡特帝国的蓄电池厂、温特沙尔钾矿和戴姆勒－奔驰公司；哈拉尔德则负责家族里的金属制品企业，尤其是前德意志武器和弹药厂。尽管侧重点有所不同，但关于企业的重大决策基本都由兄弟二人商讨做出。

20世纪50年代，汽车产业的魅力全面显现出来。当时的汽车产业是关联产业最广、工业技术及效果最强的综合性工业。在美国，汽车工业已经取代钢铁工业成为国家支柱产业。德国汽车业虽然还处于疗伤阶段，但前期基础好，完全有能力直追美国，因此市场潜力无限。

精明的赫伯特和哈拉尔德都意识到汽车行业必将在联邦德国工业中大有可为，于是开始着手购买汽车企业的股份，而发展势头迅猛、炙手可热的戴姆勒－奔驰公司自然是他们的首选。1954年，匡特兄弟成功将手中戴姆勒－奔驰公司的股份从3.85%提高到9%。1955年，赫伯特进入戴姆勒－奔驰公司董事会。

与此同时，德国著名钢铁大亨弗里德里希·弗利克在战后被迫出让煤炭和钢铁公司后，也盯上了戴姆勒－奔驰公司，并持有该公司25%的股票，和另一大股东德意志银行平起平坐。匡特兄弟想要超越这两大股东已经不可能，于是，赫伯特将触角伸向岌岌可危的巴伐利亚汽车制造厂（宝马公司的全称）。

20世纪50年代后期，德国工业欣欣向荣，民众的可支配收入也随之增加，对汽车的需求也开始增长。德国最大的消费群体是中产阶级，此时他们的收入虽然增加了不少，但还没有足够的财力消费一辆高档轿车，同时他们又不希望自己的车看起来廉价寒酸，所以，当时最为畅销的汽车是体面却不贵的中档车。

然而，宝马公司的领导层似乎没有认真关注和调查市场的发展动向，一心一意埋头于高档车的生产，生产出来的全是昂贵奢侈的豪华汽车。不幸的是，这些高档汽车却无法和戴姆勒－奔驰公司同期推出的高档轿车竞争，因为宝马的豪华轿车除了发动机的马力有变化外，其他基本没变，尤其是大多数消费者最在乎的车身。这些显然不能和华丽多变的奔驰新车相提并论。

高端路线的失败让宝马走向了另一个极端。1955年，宝马推出一款体积非常小的汽车，当时被称为"泡泡车"，可以直接驶入十分狭窄的空间内，车主再也不用担心找不到停车位。

但是，"泡泡车"不仅样子奇怪，而且司机和副驾驶只能从同一道前门上车,极重面子的中产阶级显然不会购买。车型定位的错误导致宝马连年亏损,仅1956年就亏损了600万西德马克,银行由此停止对宝马的放贷。最后,连宝马公司的管理层也失去了经营信心。

尽管宝马危机重重,濒临破产,但1956年宝马的股价却一路飙升,涨到票面价值的180%。[①]众人猜测这是弗利克在幕后操纵的结果,但实际上买进宝马股票的却是赫伯特。因为怕哈拉尔德等人反对,赫伯特"先斩后奏",悄悄动用家族财产购买宝马公司的股票和可兑换的债券。当哈拉尔德得知此事后,严厉指责赫伯特私自动用共同财产,并担心匡特集团会被宝马公司拖累,毕竟当时的宝马不同往昔,已经变成一个沉重的包袱,投资它,风险太大。

1959年12月9日,宝马的股东大会在悲观和混乱中召开。时任监事会主席的费特向股东们提出一个重组方案,由戴姆勒-奔驰公司认购宝马发行的700万马克新股,宝马编入戴姆勒-奔驰公司麾下。该方案遭到部分小股东的抵制,他们从负债表中找到一个错误,要求股东大会延期,这就意味着费特的重组方案自动作废。这时已经握有足够数量股票的大股东赫伯特在会上虽然没有出声,却暗下决心要挽救宝马。

为了获得更多的支持,赫伯特和巴伐利亚政府财政部门取得联系,表达想接手并拯救宝马公司的意愿。赫伯特需要政府支持的想法和政府迫切需要一位有实力的投资人的想法不谋而合,双

---

① 吕迪格尔·荣格布鲁特.宝马背后的家族[M].朱刘华,黄孝阳,译.广州:花城出版社,2008:247.

方相谈甚欢，赫伯特找到了强硬的政治靠山。

1960年，弗利克再次图谋将宝马并入戴姆勒集团，提出收购宝马一半的股权，这和宝马董事会想保持独立经营地位的理念相冲突，而弗利克又不肯妥协。与此同时，宝马与美国通用、克莱斯勒、福特、意大利菲亚特等汽车公司进行了同样的谈判。德国莱茵钢铁厂和曼集团也对参股宝马表示出兴趣。曼集团主要是想在汽车发动机方面进行扩张。

多方谈判的结果是，曼集团收购了宝马发动机公司一半的股份，同时向宝马母公司提供一笔长期贷款，让宝马暂时度过危机。

但是，宝马要想作为汽车制造厂继续生存和发展，曼集团的投资远远不够，而宝马的资金后盾德意志银行已经明确表态不参与其中。赫伯特成功说服法兰克福银行，共同为宝马发行400万新马克的股票担保。同时，赫伯特承诺，如果增发的股票无人认购，他将全盘吃进。这一态度消除了小股民的最后一丝疑虑，新股很快被认购一空。

"硬件"已经具备，还要有"软件"——让企业能够真正起死回生的人才。赫伯特四处招揽技术和销售人才，其中最著名的当属营销奇才——保尔·哈恩曼。哈恩曼不仅让公司积存的1000辆BMW700汽车在最短时间内被代理经销商认购一空，而且他提出了奠定宝马日后发展方向的夹缝理论。

在20世纪五六十年代，欧洲年轻一代已经厌倦了成熟稳重的梅赛德斯-奔驰汽车，对经济实惠的大众、福特汽车更是提不起兴趣。于是，哈恩曼在全面分析了梅赛德斯、大众、福特等汽车的特质和优势后，发现轻捷、运动型的中档轿车存在很大的市场缺口，而这就是宝马生存下去的一条出路。当然，新车的价格也要介于高档车和普通车之间,中等偏上的位置刚好。这一策略很快为宝马汽车打开了广阔市场,而且宝马汽车在很长时间内都遵循着这一经营思路。

1962年,宝马虽然没有赢利,但已经不再亏损。同年8月,宝马公司推出新车BMW1500,车身设计不事张扬,却又不失时尚感,驾驶敏捷、性能极好。BMW1500的问世标志着现代宝马的开端,可遗憾的是,由于存在技术缺陷,该款车型并未大获成功,但它漂亮的车身在此后的宝马1600、1800和1800 TI型轿车中得以延续,而这些中档轿车都大受市场欢迎。1963年,宝马卖出了2.8万辆轿车,到1965年已经供不应求。即便缺货,被宝马吸引的客户也愿意拿钱等待,销售额很快就升到了5亿多马克,"蓝天白云下的传奇"再度上演。

从某种意义上说,战后的宝马是幸运的,短时间内就实现了起死回生。

第9章
中小型企业制造大市场（1964—1972）

20世纪60—70年代，西德已走过二战后的"经济奇迹"阶段。这一阶段，西德经济的高速增长，为企业提供了稳定的发展环境。

由于整个国家受到美国的大力扶持，西德企业在管理、运营、投融资等多方面都表现出对美国经验的学习吸收倾向，但同时也有其独特之处。很多企业注重产品质量和技术创新，并意识到国际市场的重要性。他们凭借优质的产品质量和不断的技术创新积极竞争行业内的领导地位，对外出口也因此成为这些企业成长的重要因素。除了传统的机械制造、汽车工业、化工和电子等产业在国际市场上享有盛名外，诞生于同一家族的阿迪达斯和彪马也先后走出国门，以创新的营销宣传方式强势崛起，成为领先世界的新品牌。

西德有大量的中小型企业，即所谓的"Mittelstand"，这些企业往往是家族经营且专注于某一领域的精英企业，它们在国家经济中占有非常重要的地位。这些中小型企业得以保持长期竞争力的个性要素，未必是某种特定的资源，而是其内部统一而与外界不同的战略方向、价值观和治理模式。在这一阶段先后成名的奥乐齐、麦德龙，虽然同为零售行业，但却凭借截然不同的特点，成就了新的商业模式，书写了企业创新与多元化发展的最好注脚。

为了更好地服务于这些中小型企业，SAP（Systems Applications & Products in Data Processing，思爱普）公司也在20世纪70年代应运而生。这家企业在诞生伊始就紧盯创新目标，以为企业客户创造新的财务和会计软件解决方案为使命，并终于取得巨大成功，拥有了进军国际市场寻求多元化发展的机会。

奥乐齐：传统零售颠覆者

世界上最会赚钱的是犹太人，他们有一个经商原则，那就是要成为富人，就要与富人为伍。但是，有两个人却是因为与穷人在一起而成为"西德首富"的，他们就是卡尔·阿尔布莱希特和特奥·阿尔布莱希特兄弟。

阿尔布莱希特兄弟出生于一个普通矿工家庭，父亲在一家面包店打工，母亲在家开了一家小食品店，日子过得非常拮据。穷人的孩子早当家，兄弟俩中学毕业后就去食品店工作，以增加家庭收入。

然而，第二次世界大战的爆发打乱了他们的职业计划，卡尔在战争中受伤，特奥在非洲被美军俘虏。第二次世界大战结束后，从战俘营归来的兄弟俩开始经营母亲的小店。因为经营有方，到20世纪60年代之后，阿尔布莱希特兄弟经营的超市以"奥乐齐"的名字闻名欧洲乃至全世界。

从一家只有35平方米的小店发展到在全球拥有6000多家连锁超市的大型零售公司，如此巨大的成功不是偶然的。对此，难得公开露面的卡尔·阿尔布莱希特曾说过，"实行最低价格是我们商业经营的基础"，而他们一直保持最低价格的秘诀就是无处不在的"抠门"。从超市选址到商品选购再到结账方式，每一个环节都严格执行节俭第一的准则，压缩出来的成本则全部回馈给消费者，让消费者享受到真正优质低价的商品。当然，这种"抠门"也有技巧。

首先，精心选址，压缩店面成本。奥乐齐超市从不在租金昂贵的商业繁华地段开店，而是设在房租更为便宜的居民区附近或城镇边缘，因为这些地方还会有宽敞且充足的停车位。当然，如果没有客源，即使租金再便宜，超市也不会盈利。所以，奥乐齐分店选址时还有一个条件，就是周边的居民不能少于1.5万人，如此方能保证超市的客源。同时，每一家分店的店铺面积都维持在500～800平方米，最大的也不会超过1500平方米，而且店内装修风格基本一致，布置简单大方，不会有任何奢华的装饰，就连商品摆放的位置也大同小异。之所以这样做，就是为了最大限度地压缩店铺使用成本，减少不必要的开支。

其次，限制种类，确保质优价低。与拥有数万种商品的沃尔玛、家乐福等超市不同，奥乐齐超市里出售的商品始终都维持在700～800种，如番茄酱和咸菜等只有一种品牌，卫生纸也就两种品牌。奥乐齐的商品总量虽少，但一般日常生活消费品和电器应有尽有，而且这里的商品都是同类商品中最好的品牌。同时，奥乐齐拒绝价高的名牌产品，自创低价品牌。

当然，阿尔布莱希特兄弟也曾打算丰富商品种类，但实践证明，供应的品种越少，反而越能确保零售额的上升和经营成本的低廉，这逐渐发展成奥乐齐的特色——严格控制商品品种数量。正如阿尔布莱希特兄弟所说："我们只放一只羊。无数事实证明，那些想放一群羊的人，到最后往往连一根羊毛也没剩下。"

虽然商品种类少，但是因为奥乐齐超市的单品年均采购额超过四五千万欧元，所以能够获得十分低廉的进货价格。此外，所有商品都去除了繁杂的包装，除非必要，一般不设货架或冷柜，均按原包装放在店内，由顾客从箱内自取。正因如此，奥乐齐常年销售的日常消费品价格在同类商品中始终是最低的。在商品种类和布置上的"抠门"换来商品采购、存储、销售及管理成本的下降,从而可以给消费者提供更低价的商品,这就是奥乐齐超市的经营理念。

与此同时,为打破人们"便宜无好货"的惯性思维,奥乐齐在执行低价策略的同时高度重视商品质量,一旦店内任何一种商品经政府质监部门评测的分数不在"满意"以上,该商品就会被立即下架,不再售卖。

每种新产品都要在部分奥乐齐超市内进行3个月以上的试销并得到顾客认可,才可以大量进货上架。此外,供应商还必须向奥乐齐提供商品质量保证,如果第三方检验机构对其商品质检连续几次都不合格,那么供货商就要支付巨额违约金。在奥乐齐,顾客的地位始终是最高的,如果对所购商品有任何不满意,顾客都可以无条件退款。

再次,精兵强将,降低人力成本。尽管奥乐齐超市生意繁忙,店内经常出现排队结账的情况,但每家奥乐齐超市一般只设两三个收银台,员工不超过10人,包括店长在内的员工每人都身兼数职,没有固定岗位。忙时全部人员都在收银台结账;闲时则轮流理货,清理废弃包装。并且,奥乐齐十分注重员工队伍的精干化和年轻化,一般不雇用年龄偏大的营业员和临时工,因为他们很难适应商店繁忙和高效的工作氛围。

在过去的很长一段时间内,奥乐齐超市都坚持使用古老而简单的收款机型号,只能收取现金。由于奥乐齐的商品种类少且长期固定,所以每一位奥乐齐员工对货物的价格基本都能倒背如流。事实证明,奥乐齐员工的收款速度比使用自动收款机的超市还要快，常常是顾客刚把一大堆东西摆上输送带，还没有从钱包里掏出钱，收银员就已经算好账了。

为激发员工的热情与活力，奥乐齐实行高薪激励政策。和其他零售企业相比，奥乐齐员工的薪水要比同条件人员高出10%～20%。每月根据员工的个人营业额，发放相应比例的奖金，如月营业额达到5万马克可提取3‰的奖金，即150马克；月营业额达到10万马克可提取3.3‰的奖金，即330马克，以此类推。另外，因为工作出色、升任经理的员工，公司配备公车；晋升为部主任的员工年薪可达到20万马克，由此吸引了大批年轻的优秀人才。

作为一家拥有6000多家分店的大公司，奥乐齐在广告营销方面也十分"抠门"，公司没有公关部和广告部。自奥乐齐成立的半个多世纪以来，几乎没有做过任何宣传企业形象或促销的广告，从来不搞诸如买一赠一、多买多赠等类型的"搭售"或"批售"活动。因为这种看似实惠的促销恰恰忽视了众多老龄消费者及单身消费者的需求，所以奥乐齐会尽量把商品按小份包装出售，并且价格和大份包装拆开后的平均价格一样，以满足所有消费者的需要。

每周刊出一张"奥乐齐信息报"，每周在当地日报上发布商品名录，对下周将要上架的廉价商品做一个简单介绍，这些已经是奥乐齐做得最大的广告了。如果说有广告语的话，可能就是在某些产品后面写上"本产品数量有限，欲购从速"，结果是天还没亮，很多人便在"简陋"的购物大厅前排队抢购低价商品。

尽管奥乐齐的商品售价比一般超市要低三分之一甚至一半，但基于其高超的"抠门"技能，利润率不降反升。有资料显示，德国零售企业的销售利润率平均为0.5%～1.5%，而奥乐齐却接近 3%，称奥乐齐为现代企业运营模式的颠覆者一点都不为过。

今天，奥乐齐已是德国最大的连锁超市。难能可贵的是，拥有深厚历史积淀的奥乐齐却并未松懈。当移动电商时代全面到来之际，他们继续秉承当年的创新精神，积极革新业务形态，努力拥抱互联网商业模式。2019 年，借电商平台进入中国市场两年后，奥乐齐推出了微信小程序商城，提供周边快速配送服务。这家穿越了半个世纪时光的企业，正在稳步走向新的征途。

麦德龙开辟仓储超市模式

和一般超市不同，麦德龙的营业区内没有人来人往、接踵摩肩的拥挤场面，也听不到任何关于打折促销的喧闹声，唯有满满当当的货物被整齐地排列在货架上，看起来很像一家濒临倒闭的超市。然而，麦德龙却是当今德国零售界老大、欧洲第二大和世界第五大贸易与零售集团。

麦德龙的出现彻底颠覆了零售业一直以来的销售模式，它实行的是针对特定消费群体的"现购自运"方式，所以在这里完全看不到沃尔玛、家乐福等传统超市里经常出现的热闹拥挤景象。

麦德龙创始人奥托·拜斯海姆行事低调，很少公开露面，其人生经历既曲折又神秘。通过零星记载可以看到，初中毕业后，因父母无力负担其继续上学的费用，成绩优异的拜斯海姆不得不中途放弃学业，去当皮匠学徒。

不久，第二次世界大战爆发，拜斯海姆参军并加入纳粹党卫军，成为希特勒的爪牙。这段经历很可能给拜斯海姆留下了阴影，即便后来成为世界级富豪，他也刻意保持低调，甚至在公司开董事会时都使用化名，并始终对这段经历讳莫如深。

不论拜斯海姆在战争中经历了什么，残酷的战争终于结束了。复员后，拜斯海姆在鲁尔工业区准备转战商海，他在一家电器贸易公司里掘到了人生第一桶金。根据熟悉拜斯海姆那段经历的人回忆，拜斯海姆还去学校进修商业理论，凭借实力成为这家公司的代理人。

战后的西德经济全面复苏，尤其是在20世纪60年代以后实现了腾飞，一举成为世界经济强国。随着中小型企业的大量出现，传统的送达式批发服务已经满足不了国民的需求，其中蕴藏的巨大商机被拜斯海姆敏锐地捕捉到了。

1964年，奥托·拜斯海姆和几个人合伙在鲁尔区创建了一家令人耳目一新的超市，它既不同于普通的零售超市，又有别于专业批发机构，最显著的特点就是"现购自运"。简单来说，就是让顾客自行选购商品，然后运送回家。

在这里，你看到任何商品都可以用批发价格立即拿走，但不是所有消费者都能进入这家超市，它只针对工商领域的经营者和群体消费层，如中小型零售商、酒店、餐饮业、工厂、政府和事业单位等采购量大的客户，超市的管理成本和经营成本由此降低。为此，麦德龙公司建立会员制度，会员进出麦德龙都要刷会员卡，而个人或非会员消费群体则被谢绝入内。

麦德龙超市的批发价格要比普通超市低20%～30%，而且品种更全，一般都在2万种以上，从食品到办公用品、机械产品应有尽有，因为麦德龙的目标就是为客户提供一站式购物服务。

同时，麦德龙相对稳定的商品种类供应确保了中小零售企业自身品种经营的连续性,仓储式的经营可以满足不同层次的客户群。仅就产品包装而言,麦德龙既有烟酒杂货商店等小企业所需要的包装,又有酒店等中型企业所需要的特定包装,并且不管包装大小、购买量多少,都是一样的批发价格。这就使得麦德龙比传统批发商更容易获得中小型企业的信赖。而且由于麦德龙不属于零售超市,所以不受相关法律的限制。当时西德的普通商店非周末营业时间只能持续到晚上六点半,而麦德龙可以持续到晚上八点半。

从外观上看,麦德龙超市如同一个大型仓库,营业面积一般在1.5万~2万平方米,通常选址在大城市城乡接合部的主干道附近,这样既可以降低租金费用,又能避免交通拥挤。另外,为进一步降低投资风险,麦德龙的所有超市从不租赁营业场所,都是一次性买断土地使用权,这样就不必担心因土地价格上涨而引起成本上升。

超市内部的格局也相对简单,一般采用高达4.5米的工业用大型货架,每个货架分为两大部分,下半部分摆放着售卖的各类商品,这点和普通超市没有区别,而上半部分则用来存放对应的商品,相当于普通超市的仓库。这就使得超市和仓储合二为一,去掉了独立于零售超市的仓库和配送中心,能够就近实现快速补货,有利于保证超市高效率、低成本运营。

此外,麦德龙超市还拥有先进的信息管理系统。早在20世纪70年代,麦德龙公司就极富远见地把信息管理引入物流管理系统,后来还拥有软件开发公司,专门研制合适的商品管理系统。现在,麦德龙实现了从商品选择、订货、收货、销售及最终结账等各环节的信息化管理,领导层可以及时了解进货、销货和库存情况,及时发现问题，避免损失扩大，从而在保证最小库存的情况下提升顾客满意度。

除了对商品进行信息化管理，麦德龙还建立了会员信息系统，该系统会自动记录顾客每一次的购物情况，根据每位顾客的购买频率和消费习惯，分析出他的需求动态，对他的需求变化迅速做出反应，最大限度满足他的需求。

1967年，麦德龙集团在西德开了三家分店，从此一发不可收拾。如今，德国几乎每个大城市都有麦德龙的仓储式超市。拜斯海姆在创业6年后，麦德龙超市的销售额就突破了10亿马克。1997年以后，麦德龙集团走上全球扩张之路，陆续在欧洲、非洲和亚洲等地开设了2200多家分店，员工数量达到25万人，而拜斯海姆发明的"现购自运"方式至今仍然无人可以超越，所以在大肆扩张的过程中并没有遇到什么阻力或竞争。

除批发业务外，麦德龙集团还将触角伸向其他领域，通过收购和合作等方式，拥有了食品零售超市、电器连锁商店和百货商店等各类销售企业。如今，在德国很多城市的商业中心，麦德龙旗下的百货商店和电器超市在黄金地段已经变成了地标式建筑物。不仅如此，麦德龙常年位居《财富》世界500强排行榜，是当仁不让的仓储式超市霸主。

阿迪达斯吹响多元化冲锋号

创立阿迪达斯和彪马两大运动品牌的达斯勒家族，最初来自为生计四处奔波的普通工人家庭。克里斯托弗·达斯勒起初在纺织厂工作，下岗后在赫佐格奥拉赫镇的一家制鞋厂当学徒。克里斯托弗和妻子共抚育了三个孩子：弗里茨、鲁道夫和阿迪。其中，阿迪·达斯勒痴迷体育运动，跑步、足球、拳击都是他的最爱。

第一次世界大战爆发让小镇的制鞋业倒闭了一半，忧心忡忡的克里斯托弗为阿迪找到了一份面包店的工作，以确保孩子能有稳定的收入。然而，当阿迪学徒期满之时，他和两个哥哥一样，被征召到前线打仗。

一战结束后，虽然达斯勒家的三个孩子平安回来，但曾经作为家庭主要收入来源的洗衣房已经关闭，因为战后经济凋敝，很少有人能拿出请人洗衣服的钱。倔强的阿迪·达斯勒也不想从事面包行业，他选择了为酷爱的运动制造合适的鞋子。

不久，阿迪的制鞋公司成立，员工只有阿迪和两名助手。为了制鞋，阿迪还在门前支了一张床，以便半夜灵感突至时随时干活。20世纪20年代初，阿迪成功说服当警察的哥哥鲁道夫加入公司，一同创业。兄弟俩性格截然相反，阿迪性格沉稳而内敛，沉浸于鞋子的世界中无法自拔；鲁道夫则风趣健谈，擅长交际，是一位天生的公关家和销售大师。很快，达斯勒兄弟的公司正式成立，他们最初生产的是结实耐用的普通鞋。但是，热衷运动的阿迪最终决定专门设计更加符合人体力学的运动鞋。

经历过一战后的德国人民生活虽然艰难，但对体育运动的热情有增无减。每逢重大足球赛事，球场总是人山人海。达斯勒兄弟抓住全国民众运动情绪高涨的有利时机，开始向市场推出自己的运动鞋。他们先是为自己设计的跑鞋和足球鞋申请专利，而后将达斯勒运动鞋及产品宣传册寄给很多体育协会，达斯勒运动鞋以其过硬的质量引起众多体育专家的兴趣。其中，德国田径队教练约瑟夫·韦茨尔专程找到达斯勒兄弟,商谈订购参加阿姆斯特丹奥林匹克运动会的运动鞋。

同是体育迷的韦茨尔和阿迪相谈甚欢,成为知己。后来韦茨尔还成为达斯勒公司的技术顾问,在他的帮助下,达斯勒运动鞋在国内外的名气大幅度提高。受此鼓舞,达斯勒兄弟停止普通鞋的生产,全身心投入运动鞋的制作中。

希特勒上台后,体育被看作训练骁勇善战的军队的重要途径。在纳粹的宣传攻势下,体育运动深入人心,运动鞋的市场需求骤增,达斯勒公司也迎来发展高峰。而真正让达斯勒公司声名大噪的是柏林奥运会,希特勒视其为第三帝国的头等大事,是向世界展示雅利安民族优越性的绝佳机会。然而,希特勒的美梦却被连夺四金的美国黑人运动员杰西·欧文斯打破,这位创造奇迹的运动员穿的就是达斯勒公司的运动鞋。

明星效应历来都会对提高商品知名度和销售额起到巨大作用,欧文斯的成功让达斯勒公司成为具有世界影响力的运动鞋制造商,各国国家队教练都对达斯勒运动鞋产生了浓厚兴趣。来德参加比赛的运动员都会特意去达斯勒公司,只为亲身体验一下欧文斯穿过的鞋子。

正当公司蒸蒸日上之际,性格迥异的阿迪和鲁道夫兄弟却对公司的经营理念和领导权问题产生了严重分歧,再加上两个家庭之间也产生了矛盾,最终兄弟二人分道扬镳。公司财产和人员由二人均分,鲁道夫带着妻儿搬到奥拉赫河对岸。战后不久,阿迪注册新公司——阿迪达斯,并制作出第一双鞋侧带有三条纹标识的阿迪达斯运动鞋。不久,鲁道夫也创立了新品牌——彪马。

分家后的阿迪继续专注于制鞋技术的提升,力求每一双运动鞋都完美无瑕。为了使鞋子更轻便耐用,阿迪尝试使用打磨后的鲨鱼皮材料,用袋鼠皮加固鞋帮,制作过四钉跑鞋和尼龙鞋底的田径鞋等创新鞋,还发明了一种通过鞋内的栓钉可以变换30种不同方向的运动鞋,从而使这种鞋可以适应不同的运动场合。凭借先进的设计和卓越的品质,阿迪达斯运动鞋不断在奥运会和世界杯足球赛等重大赛事中大放光彩,成为众多世界顶尖运动员的首选品牌。

1978年,阿迪因病去世,儿子霍斯特成为家族企业掌门人,阿迪达斯的营销风格随之改变。霍斯特深知广告宣传对销量的促进作用,于是另辟蹊径,首创"赞助"模式。

这在今天看来毫无新意,但在当时却是阿迪达斯征服体育世界的秘密武器。对那些运动场上的种子选手和球队,霍斯特毫不吝啬金钱和运动鞋,因为没有什么比体育赛事更能让运动鞋获得全世界关注的了。如果让那些冠军运动员都穿上阿迪达斯运动鞋,那它所产生的经济效益绝非一般广告可比。

果然,在短短几年内,三条纹的运动鞋和后来的三叶草运动服在体育发达的国家已经家喻户晓。因为无处不在的"赞助",使得越来越多的人谈起体育就会想到阿迪达斯。

霍斯特之所以能够成功建起阿迪达斯体育帝国,和他独特的工作方式不无关系。在霍斯特看来,"生意源自关系"[1]。

霍斯特深谙交往之道,每次交谈结束前,他一定会询问对方的家庭情况。这本身已经带有谄媚的意味,但霍斯特还要把对方

---

[1] 芭芭拉·斯密特.阿迪达斯对阵彪马[M].刘海颖,译.北京:中国人民大学出版社,2007:97.

的回答详细记录下来。一次，一位生意伙伴偶然提及儿子对某个足球队着迷。不久，这位生意人收到一个小包裹，里面有几件球衣，衣服上还有儿子喜欢的球队球员的亲笔签名。正是这些贴心的小举动，让霍斯特积累了不少人脉。

只是商海的竞争始终残酷无情，20世纪70年代之后，阿迪达斯的经营略显保守，其市场份额逐渐被美国的新锐品牌耐克和锐步以及日本品牌阿斯克斯抢占。1976年，蒙特利尔奥运会召开。霍斯特团队准备利用这次机会进一步提升阿迪达斯的名气，收回失去的"江山"。

深受霍斯特器重的克里斯蒂安·雅恩内特担任此次营销的"外交专员"，他是1972年慕尼黑奥运会的对外负责人，负责入场券的分配工作，结交了很多海外朋友。在这届奥运会开幕前夕，他花了大量时间和奥林匹克主办方人员、各国参赛代表团拉近关系，把阿迪达斯推荐给蒙特利尔市长。结果，阿迪达斯没经过任何投标就拿下了蒙特利尔奥运会官方唯一指定品牌的冠名。

除了这种官方地位，阿迪达斯还努力争取更多的运动员。然而，因为有彪马、耐克、阿斯克斯等公司的竞争，阿迪达斯用在运动员身上的费用远大于所有官方花销。不过，阿迪达斯赞助的运动员的奖牌总数却领先于所有竞争者。其中，罗马尼亚体操运动员纳迪亚·科马内奇成为阿迪达斯明星。她是奥运会历史上第一位拿到10分的高低杠运动员，评委和观众都被她的优雅动作所征服。虽然阿迪达斯赞助的是科马内奇本人，但在闭幕式上，罗马尼亚代表团所有人的白色运动衣上都增加了三叶草图案，以此感谢阿迪达斯多年来的赞助。

到20世纪80年代，随着霍斯特的突然去世，阿迪达斯公司陷入经营危机。霍斯特的继承者们无力维持这个庞大的体育王国，陷入困境的阿迪达斯公司被法国企业家伯纳德·泰贝收购，后又转手到另一位法国商人路易达福手中，这才慢慢恢复了元气。

兄弟内讧导致豪门恩怨在家族企业发展史中并不少见，由此对其家族产生的影响以负面居多。当然，达斯勒家族是一个特例，自 1948 年鲁道夫携带妻儿和一半的家产搬到奥拉赫河对岸之后，也创办了全新的运动品牌——彪马。今天，阿迪达斯和彪马共同跻身于世界知名体育品牌之列，一起见证这个家族的不凡历史。

SAP：新技术，新模式

20 世纪 70 年代，西德企业发展迅速，即便是像阿迪达斯这样的传统家族企业，也在业务走向多元化的同时，积极推动营销的国际化，这对企业原有的管理模式提出了考验。在寻求建立现代化管理模式的过程中，这些企业也渴求新的管理信息技术工具。当此之时，SAP 公司扛起了历史的重任。这家公司陆续开发出一系列企业应用软件，让繁杂的管理工作变得简便有序。正是在 SAP 公司的努力下，新的信息技术得到了更广泛的运用，随之诞生的新管理模式变得更加高效，推动了更多企业的发展。

在当时的西德，计算机并不算常见。少数的计算机都是超大型机，大部分是 IBM 公司生产的 360 型。在这种大型计算机风靡的时代，电脑软件和主机是"焊接"在一起的，每次给企业做编程开发都是一次烦琐的重复劳动，既费时又费力。

为此，在 IBM 公司担任软件工程师的迪特马·荷普和哈索·普拉特纳建议：为大企业项目编写标准化软件供企业自由选择。没想到，提议却遭到公司拒绝，软件工程师只能使用定制软件继续无休止的重复劳动。

1972 年，迪特马·荷普和哈索·普拉特纳劝说克劳斯·威伦路特、克劳斯·奇拉、汉斯维纳·海克特一起"逃离"IBM 公司，创立 SAP 公司，致力于企业销售和营销标准管理软件开发。

此时，企业级的财务管理软件等应用型软件还刚刚起步，迪特马·荷普等人可谓应用软件的开拓者。和年轻创业者一样，迪特马·荷普等人没有任何资本积累，他们甚至连计算机都没有，办公场所也不固定，所有程序都在客户的计算机中心开发完成。

公司成立前三年里，五位创始人都身兼数职，白天忙着做咨询、出差和销售软件，晚上忙着写程序、做测试。在这种艰苦条件下，SAP 公司迎来了第一位大客户——英国普内门化学公司（ICI）。这家大型跨国公司要求 SAP 公司为其在德国奥斯林根的尼龙纤维厂编写标准程序，哈索·普拉特纳回忆说："早期集成化和国际化软件的种子最早是在 ICI 种下的。"

SAP 利用普内门化学公司的计算机为尼龙纤维厂开发的新软件被称为 R 系统，R 表示"即时处理"，意即数据在输入后立即被计算机处理。在那个以"批处理"为主流的年代，这项技术的颠覆意义不言而喻。

在原先的"批处理"技术下，企业需要从对每台机器、每个班组、每个部门的工作数据加以搜集开始，将一份份报表录入计算机系统，再经过等待后才能得到数据分析结果。

如果企业只专注于国内市场、单项业务，"批处理"尽管慢一点，也能发挥作用。但当德国企业将目光投向海外，将经营版图设计得更为广袤时，这种数据处理技术的落后性便暴露无遗，根本无法跟上企业的需求。于是，SAP 的"即时处理"成了救星，它凭借输入后就能得到结果的速度优势，受到了广泛欢迎。

1973 年，SAP 公司又开发出一套财务会计管理软件 RF 系统（即 R/1 系统）。作为 SAP 开发的第一套标准软件，RF 系统可谓一炮走红，成功为 SAP 引来克诺尔制药厂等大客户。1976 年，SAP 股份公司成立，全称是"系统、应用和数据处理产品"。1980 年，SAP 公司终于拥有自己的第一台计算机——西门子 7738 型超大型计算机，这成为 SAP 公司发展历史上的里程碑。

同一年，SAP 公司搬进在沃尔多夫工业区的办公大楼，告别了流动办公时代。此时 SAP 已经是德国排名第 17 位的计算机公司，德国最具规模的 100 家企业中有一半都是 SAP 用户，而这只是 SAP 成功的序曲而已。

随着计算机硬件技术的进步，SAP 公司的第二代软件 R/2 系统于 1979 年开始研发。1981 年，R/2 系统在德国慕尼黑博览会上首次亮相。R/2 系统让 SAP 公司人气爆棚，无数大型企业开始使用这套系统。SAP 迅速成为软件行业的领头羊，尤其是在西门子-哈尔斯克公司决定的全球各分公司使用 R/2 系统之后，SAP 公司的产品迅速打入了国际市场。1984 年，SAP（国际）股份公司在瑞士成立，专门负责海外业务。

真正让 SAP 公司在软件行业奠定霸主地位的是 R/3 系统。1981 年，世界上第一台个人电脑（PC）由 IBM 研制出来。进入 20 世纪 90 年代，大型计算机迅速没落，全球掀起系统重建和 PC 新浪潮，Unix 操作系统炙手可热，而基于 Unix 的 R/3 系统自然成为众多企业的首选产品。

1992年，SAP公司首次为客户实施R/3系统，功能覆盖从订单获取到财务管理等企业的全部活动，还可以为不同的厂商定制开发符合其特殊需要的标准套装软件，以使企业能够迅速果断地应对变幻莫测的市场变化。

从这个层面看，R/3系统对企业制定战略决策、降低运营成本以及统一管理起到至关重要的作用。R/3系统与R/2系统最大的区别就是可以应用于各类小型计算机，并且具有高度的集成能力，能够缩短供货时间、减少商品库存，进而降低运营成本。

此外，R/3系统还具有多种语言功能，因而可以迅速推广到世界各地，让SAP的海外业务更上一层楼。虽然R/3系统最初是为中小型企业开发的，但是其在大公司也备受推崇，因为大型机时代的中央处理系统方式已经无法应对激烈的全球竞争。

有趣的是，曾经拒绝迪特马·荷普和哈索·普拉特纳建议的IBM公司，在SAP公司成立22年后向其订购了R/3系统，此后双方结成联盟。2001年，两家企业共同宣布，将继续加强双方的战略联盟，展开最全面的合作，联手对抗全球最大的企业软件公司——美国甲骨文公司。

自R/3系统问世后，SAP公司进入发展黄金时期。1995年全球使用R/3系统的有20万人；1997年飙升到150万人以上；到21世纪，SAP公司的客户数量已超过千万。由此，R/3用户组成了全球独一无二的"用户协会"。微软、苹果、可口可乐、贝塔斯曼、博世、巴斯夫、三星、宝洁、索尼、蒂森克虏伯等世界500强企业都成了SAP公司的客户。

SAP公司能够发展为世界上第三大独立软件公司、企业应用软件行业的龙头老大得益于独特的发展战略。和很多跨国企业不同，SAP 始终对业务范围扩张保持小心谨慎的态度，即使资金充沛也没有实施大规模的并购计划。

SAP 的并购目标很明确，只兼并有助于 R/3 系统发展的特定公司，如 1991 年接管史蒂普公司、收购 CAS 软件公司，都是为了拓展 R/3 系统的中小型企业市场。这种少而精的发展模式使得 SAP 公司可以避免因过度扩张带来的风险，从而更专注于新产品研发。

在投融资方面，SAP 公司也表现得谨小慎微、稳健务实。SAP 创始人一直对推动美国计算机产业大发展的风险投资兴味索然。发展初期，其财务基本属自收自支，包括买地建楼都没有向银行贷款。当然，SAP 并非反对风险投资或否定其对信息技术产业的作用，但看到风投的负面影响后，SAP 宁愿选择量入为出的财务方式。

SAP 创始人担心一旦有大企业参股，他们就有可能丧失公司的领导权。正如荷普所说："如果外来的资本过去曾控制过我们，SAP 不会获得今天的地位。"所以，即使 SAP 公司在上市时，也有意避免和大企业合伙。与此同时，SAP 一直强调让员工也能分享公司的成功，比如推出可转换公司债券。员工获得了优惠股权，从而激发了工作热情。

为了进一步扩大公司影响力，SAP 公司还通过多种途径宣传企业形象。SAP 领导人之一的哈索·普拉特纳就通过参加帆船竞赛来宣传公司形象。在 1996 年的一场帆船赛中，普拉特纳使用自己设计的专业电脑软件分析风向与波浪，以便随时调节帆船，保持最佳速度。借助高科技手段，普拉特纳不仅打败了所有对手，而且创下新纪录，比前纪录保持者吉姆·凯洛伊在 1975 年创下的纪录还要快 29 分钟。

目前，SAP 在全球拥有 7 万多名员工，公司分支机构遍布全球 130 多个国家，拥有了覆盖全球 30 多万家企业的合作伙伴网络。[①]

[①] 卡斯滕·林茨, 金特·米勒·施特文斯, 亚历山大·齐默尔曼. 剧变[M]. 陈怡灵, 译. 海口:海南出版社, 2022:156.

第10章
竞争新格局（1973—1999）

20世纪80年代之后的全球经济呈现一体化与区域化发展并存的趋势，尤其是冷战结束，使得政治、军事让位于经济发展，这也促成了德国的重新统一。1990年，联邦德国和民主德国合并，德国重新成为欧盟重要的成员国之一。

两德统一迅速改变了德国企业的发展环境。随着东部地区与西部地区的市场合并，企业的潜在客户和销售机会增加。由于劳动力完全自由流动，东西部地区的劳动力供应形态也有所变化；企业获得了更多数量的劳动力，并拥有更高素质的备选劳动力。

与此同时，德国企业面对的竞争态势也有所变化。东西部企业之间摆脱了原有的禁锢，完全开放、充分竞争，这刺激了优质企业成长壮大。不论是在传统产业还是高科技领域，都涌现出一批大型跨国集团，引领欧洲经济发展。以"品质和信誉"著称的德国工业，在全球化的浪潮中继续演绎传奇，再次将其严谨、务实、创新的工业基因发扬光大。

随着信息化时代到来，以服务业为主体的第三产业成为众多国家竞相追逐的重点，曾经承载德国强国梦想和奇迹的传统制造业逐渐沦为"夕阳产业"。尤其在石油危机频发和经济不断衰退的时代背景下，传统制造业步履维艰。尽管前路漫漫、充满荆棘，但是"德国制造"仍然是德国经济的主要标签。当美、英等发达国家纷纷将传统制造业外包，转投回报周期短、见效快的金融业、互联网行业时，德国依然坚持"制造立国"，致力于提升制造业的水平。

由于长期坚持对制造业价值的关注，无论是面对德国统一后新的历史机遇，还是应对信息化时代的新商业竞争冲击，德国企业始终如植根于土壤的大树，坚毅地向全球市场伸出其繁茂枝叶。

德国邮政的重组与新生

上百年历史的公司,在德国并不少见。它们始终保持领先地位的主要原因是坚持科技创新、适时改革转型。化学工业如此,快递行业也不例外。从 1990 年开始,德国邮政集团就是通过大刀阔斧的改革转型,从一个负债累累的国有企业变身成为世界 500 强公司的。

德国邮政集团的成立时间最早大概可以追溯至 15 世纪,1489 年,弗朗西斯 - 塔西斯被神圣罗马帝国皇帝马克西米连一世任命为德国邮政总长,塔西斯家族由此开始经营德国邮政机构。此后,该家族的邮政网络覆盖包括德国、西班牙、奥地利在内的众多欧洲国家。据记载,在塔西斯家族鼎盛时期,他们雇用的邮递人员多达 2 万余人,拥有数千匹马和大量邮车,由此建立起的邮政王国,掌握当时欧洲的信息传输命脉。

希特勒上台后,德意志第三帝国所有的邮件、电报和电话系统等均由帝国邮电部门控制。二战结束后,随着占领军进驻,这一切土崩瓦解。1950 年,西德成立德国联邦邮局,遗憾的是,在接下来的几十年间,德国联邦邮局机构日益臃肿、人浮于事。由于政企合一,德国联邦邮局长期不注重经济效益和经营成本问题,邮局自成立后几乎不曾盈利。虽多次提高邮费,仍无济于事,未能改变邮局连年亏损的状况。

1989 年,代表一个时代印记的柏林墙轰然倒塌;1990 年,东西德实现统一,两个邮政局也合并组成新的德国联邦邮政。然而,统一后的邮政局经营状况更加糟糕,除了继续陷于财政危机,内部运营和人员管理也更加混乱无序。更重要的是,原西德联邦邮政支付巨额资金用以提高收入原东德地区的通信质量,这对原本就经营举步维艰的德国邮政来说无疑是雪上加霜。

改革势在必行,德国邮政选择的是政企分开、私有化的改革之路。为此,从1989年到1995年,德国政府先是根据邮政的业务范围,将联邦邮局拆分成三大实体,即德国邮政、德国电信和德国邮政储蓄银行,并改组为三大独立的股份公司。随后,从1996年到2000年,德国政府先后两次出售德国电信共69.1%的股份,政府持股从100%减退到30.9%。2000年11月,政府出售德国邮政65%的股份,政府持股减为35%。

德国邮政的私有化,终结了这家企业500年的政府垄断历史。它就此失去了国企的身份光环,变成必须在市场海洋中不断搏击风浪的私营企业。

值得一提的是,邮政、电信和邮储银行三家分立的体制运行一段时间后,德国政府发现邮政和邮政储蓄银行的网点多有重合,早已融为一体,分开经营反而导致运营成本上升。为实现优势互补、资源共享,在德国政府的指导下,邮政储蓄银行并入邮政集团,成为其下属的一个子公司。如此一来,既可降低运营成本,又能提升邮政公司的市场竞争力,原来的三家公司最终变为德国邮政和德国电信两家股份制公司。

重组后的德国邮政集团拥有四大支柱业务,即函件、特快、物流和金融。其中,函件类业务一直是德国邮政的核心业务,也是邮政改革力度最大的部分。伴随电子邮件的普及,传统信函的市场份额骤缩,对此,德国邮政采取诸多措施以降低成本、扩大销售。

首先,德国邮政在全国推广普及 5 位数邮政编码。此后又对邮件进行重新分类,把信函为标准信函、普通信函、扁平邮件和大型邮件,以提高邮件处理速度。

为提高信函投递速度和准确率,扩大市场占有率,德国邮政创建了一套全新的计算机质量控制系统。这套系统随之被用于德国邮政的多处信函分拣中心,大约 85% 的信函可以通过机械自动分拣,实行信函 24 小时不间断作业,极大提高了分拣速度和准确性。

其次,将包裹业务和快件业务从公司内部剥离出来,组建相对独立的快件部门。缩减包裹处理中心数量,由 140 个压缩到 33 个,[①] 以提高大件物品的处理效率;优化网络组织和结构,实行信件、包裹、报刊分运措施。

再次,实现业务多元化,包括直复营销、上门服务、邮件地址管理、个性化广告邮件打印、封装和邮递、提供物流解决方案等。其中,直复营销业务成效最为显著。这是一种通过个性化沟通媒介,直接向目标市场或成员发布信息的营销方式,它起源于美国,但在德国同样发展迅速。为此,德国邮政专门建立直复营销学院,加强对商业信函的直复营销研究及培训工作。另外,与社会企业组建地址管理公司,管理和更新名址数据库。其他公司要想通过邮递员核对修改地址数据,必须向德国邮政支付费用,仅这一项业务,就为德国邮政带来不菲的收入。

最后,积极推进电子商务建设。随着互联网的普及,德国邮

---

① 郭游. 德国邮政:函件业务打造核心竞争力[J]. 中国邮政, 2006(10):59-60.

政认识到电子商务是未来市场的主要走向，如果不建造电子商务平台，德国邮政很可能会失去市场。因此，德国邮政大力发展通过电子系统传递的混合邮件，在操作领域实现电子化。

经过改革，德国邮政基本做到了国内信函当日收寄和次日投递，国内包裹次日送达，而寄往欧盟的信函也保证在三日内送达。这样的速度堪比特快专递，但价格要比特快低得多，德国邮政的市场占有率由此大幅增加。

据调查，在欧洲各相关公司服务满意度评比中，德国邮政的分数最高，将诸如美国快递公司 UPS 等知名私人快递公司都甩在了后面。高效的投递质量和一流的服务，使德国邮政得以在竞争激烈的物流市场中长期立于不败之地。在做好国内业务的同时，德国邮政也着力拓展全球物流业务。为此，德国邮政总裁茨姆温克尔组建了由 8 位专家构成的收购小组，在全球搜寻最佳收购对象。其收购标准有二：一是必须与德国邮政的战略发展方向吻合，能够增强邮政现有的核心业务实力；二是被收购对象的投资回报率要高于 15%。

于是，覆盖全球 220 多个国家和地区的快递业务巨头——敦豪环球速递公司（DHL）成为德国邮政进行兼并的最佳目标。1998 年，德国邮政成功购买 DHL 公司 22% 的股份，后来逐渐增至 50.6%，成为 DHL 最大股东，并将原有快递服务与 DHL 的全球空运快递网络相连接，由此大大提升了国际邮件投递的实力。同年底，德国邮政又成功收购了世界性物流公司 Danzas，吹响了进军全球物流市场的号角。随后，荷兰的欧洲运输与分拨公司（ETD）、德国 ITG 国际快运（主营服装物流）、瑞典 ASG 公司、美国最大的航空货运公司 AEI 都成为德国邮政的囊中之物。

此外，德国邮政还与德国汉莎航空公司合伙组建以网络购物为主的 Trimondo 公司，以便抢占潜力巨大的网购市场。企业用户可以通过 Trimondo 公司的网络市场订购办公用品、计算机部件、生活用品等商品，简便省时省钱，德国邮政由此成为欧洲最大的面向集团客户的国际网络公司。

国际兼并战略的收效十分明显。2000 年，德国邮政集团成功上市，共融资 66 亿欧元，市值高达 234 亿欧元，成为德国第二大上市公司。

除做好具体业务外，德国邮政也十分注重塑造品牌形象。国际扩张造成德国邮政旗下的品牌多而杂，为此，德国邮政实施"STAR"全球网络品牌重组计划。按照计划，DHL、Danzas 和德国邮政欧洲快递公司被整合为 DHL 品牌进行统一经营。虽然 DHL 和 Danzas 都是全球知名的物流品牌，但是为了确立全球统一的形象，德国邮政只好忍痛割爱，选择知名度更高的 DHL 商标，设立统一的管理机构，包揽国内和国际包裹、快递和物流服务业务，为顾客提供一站式服务。

在全力打造 DHL 品牌的同时，德国邮政还通过其他形式宣传企业形象，如针对私人客户开展"周五免费投递包裹日"活动；借助旗下的赛车协会进行企业宣传，通过赛车所代表的速度与创新意义，将德国邮政的速度和可靠性完美地表达出来。

德国邮政的领导层非常清楚应有的战略目标，从 20 世纪 90 年代至今，他们始终都能准确判断局势发展，并积极提前行动。现在，德国邮政的业务范围已覆盖到全球 220 多个国家和地区，拥有 42 万余名员工，它早已不是"德国的"，而是"欧洲的"邮政企业。

德国电信：从垄断到自由竞争

20世纪90年代，和德国邮政集团一样，从德国联邦邮局分立出来的德国电信也开始进行股份制改革。但与德国邮政集团的完全私有化不同，改制后的德国电信股份公司仍然是国有控股企业，德国政府是最大股东。

改制前曾被称为"庞大无比的官僚机构"的德国电信能够成功蜕变，既与改革措施得当有关，又与总裁伦·佐默尔的领导力和决策力密不可分。

佐默尔，1949年出生于以色列，在维也纳成长，21岁就拿到了哲学博士学位，毕业后在德国尼克斯多夫电脑公司领导层任职几年，1980年进入日本索尼的德国公司，1984年成为索尼德国公司总裁，并带领公司跃身为德国娱乐电子界的领头羊。

凭借突出的业务表现，1991年，佐默尔成为索尼集团全球最大分公司——索尼美国公司总裁，迅速拓展索尼在美国市场的销售份额。1993年，佐默尔升任索尼欧洲董事长，这是索尼欧洲控股公司专为他设立的一个职位。

然而，受欧洲经济萎靡和市场疲软等因素影响，索尼欧洲公司不可避免地出现亏损，创造过无数奇迹和辉煌的佐默尔无力回天。次年，在索尼欧洲公司重新改组后，个性鲜明的佐默尔与顶头上司产生矛盾，1995年5月转投德国电信公司，并出任总裁。

在佐默尔上任之前，德国电信公司已于1989年开始初步改革，主要目的是去除政企不分、邮电合营体制的弊端，将德国联邦邮电企业从政府管理机构变为独立企业,并建立一套全新的电信管理机制。

在这种改革思想的指导下,德国修改电信法,成立享有独立经营权的德国国营电信公司和联邦管制局,实现政企分开、邮电分营的目标。1994年,德国对电信企业进行股份制改革。1995年,德国国营电信公司正式更名为德国电信股份有限公司。此外,为了进军全球市场,德国电信在1993年底和法国电信成立联合企业,1994年又同法国电信一起参股美国第三大通信垄断组织Sprint公司。同时,德国电信亚洲公司也于1993年在新加坡成立。

佐默尔加入时,德国电信的体制改革已基本完成,但他依然面临巨大考验。欧盟决定在1998年结束联盟内部所有国家电信行业的垄断状况,德国也在1998年初实现电信行业的全面自由化。

在这种背景下,佐默尔面临的主要问题就是失去垄断地位之后如何参与竞争,并成为具备国际竞争力的大型公司。德国电信还存在国有企业的通病——机构臃肿、人员冗杂,为此,佐默尔启动裁员计划,并调整公司结构,给予主营移动电话线上服务等业务的子公司以更大的自由发展空间,在市场上独立运营。1997年底,德国电信公司已经拥有覆盖23.3万平方公里的远程网络、覆盖40.2万平方公里的光纤电缆网络,实现了地方电话网的数字化。

为了吸引更多用户,佐默尔展开低价收费促销活动,在圣诞节到新年期间实行特别优惠。他要求将客户的长途话费标准下调,其中从德国拨打到法国和北美的话费下调一半,不过这一降价促销活动却引来无数非议和批评。另外,随着电信市场的不断开放,德国电信出现部分用户流失的现象。

尽管如此，佐默尔还是坚持实行降价政策，并持续推出新产品。他认为企业要想在竞争激烈的环境中获胜，就必须注重顾客需求，低廉的价格就是留住用户以及吸引新用户的主要手段，产品的不断创新是确保公司竞争力的关键所在。

在佐默尔的率领下，德国电信走上国际扩张之路。为筹集海外扩张资金，德国电信公司于1996年在纽约、东京和法兰克福三地同时上市，充分利用国内外资本市场筹集了约137亿美元的巨额资金，[1] 由此也使德国电信公司的境外股东数量比其他任何一家公司都多。

此后，德国电信开始奔向"国际化"和"自由化"，以欧洲市场为基础，通过并购、结盟等方式在全球迅速扩张。1999年欧元推出后，整个欧洲日益向单一市场方向发展。为了在未来的统一市场中占据主导地位，德国电信公司专门制订欧元方案，将业务全面转向欧元，加快泛欧移动网络、固定电话和互联网业务的发展步伐。

然而，正当德国电信公司发展蒸蒸日上之时，从2000年下半年开始，国际电信市场发展步伐变慢，电信业务量下降。受此影响，众多欧美电信企业出现严重亏损，甚至倒闭。但是，佐默尔依然坚持国际并购策略，致使德国电信公司因过度海外扩张而债台高筑，加之全球3G牌照的竞争也耗费了公司巨额资金，沉重的债务负担迫使德国电信公司改变发展战略，收缩海外市场，曾经意气风发的佐默尔不得不黯然下台。

针对全球电信市场不景气的外部环境，德国电信实施大规模

---

[1] 巫云仙.德国企业史[M].北京:社会科学文献出版社,2013:155.

"节流"计划：与英国电信公司共同分担3G建设成本，出售公司非核心资产和业务，专注核心业务发展，裁员减支，等等，以增加公司收入，提高盈利水平，偿还巨额债务。此外，德国电信还通过资本市场融资，以期获得更多外援。

"节流"只能解燃眉之急，并非长久之计。2001年，德国电信公司引入全新发展理念——TIMES，T代表电信，I代表信息技术和因特网，M代表多媒体和移动商务，E代表娱乐和电子商务，S代表系统解决方案和安全业务。按此理念，德国电信将公司机构重组为四大支柱部门，即国内固定网络部门T-Com、因特网部门T-Oline、移动通信部门T-Mobile和IP数据通信/系统解决方案部门T-Systems，这种结构的最大优势就是四大支柱部门之间的交互式运作。此外，还有一个非核心部门负责管理公司的投资业务和四部门业务之外的活动。

新的发展战略使德国电信迅速将资源向全球电信发展最快的部门倾斜，也能够针对特定市场进行相应资源的特定集中。在国际化进程中，这四大支柱部门各自独立运作，都有量身定做的国际化方案，可以根据不同的业务特点和当地通信发展水平来决定投资何种业务，确保资源合理化配置。

经过如此调整，今天的德国电信公司早已由一个负债累累的企业上升为全球电信界的领导者，长期跻身世界500强。

宝马背后的匡特家族

早在20世纪60年代，赫伯特·匡特的一招"先斩后奏"，让"宝马"重新独立奔腾起来。时隔30多年,当两德合并后,赫伯特的遗孀约翰娜·匡特、女儿苏珊·克莱藤和儿子斯特凡·匡特继承家族遗产,顺利进入宝马公司监事会。此后,宝马再次面临重大经营危机。这次的"救世主"依然是匡特家族。

一向以生产豪华轿车为宗旨的宝马公司,其销售只针对特定用户,价格自然不菲。"宁可放弃市场也不损害自己的品牌形象"[1]是宝马的经营理念。继哈恩曼的"夹缝理论"之后,冯·金海姆引入"柔性制造"理念,他认为除了设计和营销,制造是第三个重要环节。柔性制造要求企业能以市场为导向,按需生产,增强企业的灵活性和应变能力,以缩短生产周期,提高生产效率,帮助企业适应复杂的市场需求、激烈的市场竞争,从而获得强大的生命力。

在这一理念指导下,宝马先后推出5系、3系和7系豪华轿车,其中1986年版的宝马7系轿车,一度被公认为"世界上最好的轿车"。[2]到20世纪90年代冯·金海姆卸任之时,宝马轿车在销量上首次超过梅赛德斯–奔驰,并成为豪华轿车的新坐标。

20世纪90年代是德国汽车全面崛起的时代,梅赛德斯–奔驰、奥迪和宝马的豪华车系新款频出,将日本汽车的气焰重新压了下去。在和廉价省油的日本汽车的较量中,德国汽车界不约而同地将销量巨大的小型汽车市场作为保证自身市场份额的一大法宝,尤其是一向主打高档大型豪华轿车的奔驰、宝马等公司,纷纷转战小型汽车市场。

---

[1] 吕迪格尔·荣格布鲁特. 宝马背后的家族[M]. 朱刘华,黄孝阳,译. 广州:花城出版社, 2008:373-374.

[2] 何继亮. 车林外史[M]. 广州:广东人民出版社, 2011:181.

和梅赛德斯-奔驰的自主研发战略不同，宝马在新任总裁贝恩德·皮舍茨里德的带领下，采取兼并收购之策略。创建于1904年的英国罗孚汽车品牌成为皮舍茨里德兼并的首个目标。罗孚汽车集团包括罗孚汽车、MG跑车、路虎越野车和MINI小车四大系列，在全世界久负盛名。但是，20世纪八九十年代后的罗孚汽车已进入垂垂老矣的暮年，虽几经易主却仍然困于泥沼之中。

皮舍茨里德满怀信心地认为将宝马的成功经验嫁接到罗孚汽车上，完全可以将老罗孚打造成宝马的第二品牌，实现与宝马的优势互补，这必将是一桩稳赚不赔的买卖。不过，宝马公司部分董事和经理并不支持皮舍茨里德的收购，他们认为收购罗孚会和宝马现有的发展理念产生冲突，极可能拖累宝马，即便收购，拿下MINI和路虎足矣。

虽然有争议，但皮舍茨里德仍然凭借三寸不烂之舌说服宝马大股东匡特家族，于1994年以20亿马克的价格将罗孚汽车集团收入囊中。此后，宝马开始对罗孚汽车进行大刀阔斧的改革，将宝马汽车的理念全面植入这家百年汽车公司。

然而，皮舍茨里德明显低估了罗孚员工对宝马改革计划的抗拒，德、英两国的历史文化冲突导致矛盾重重。首先是在对罗孚汽车制造厂的改造上，英国工人并不认同宝马的德国式管理方式，而宝马却不能随意解雇这些工人，改造工程几近夭折。其次，新罗孚汽车的开发成本远超预算，致使上市时间一再推迟。再次，销售效果不佳，原本被寄予厚望的罗孚汽车并不受美国人欢迎，即使宝马动用自己的销售渠道，也只有路虎越野车获得了美国市场的认可。

4年时间里，罗孚非但没有给宝马带来任何利润，还让宝马亏损 30 多亿美元。百年汽车品牌罗孚变成宝马的最大累赘，而皮舍茨里德的总裁地位也因此决策失误变得岌岌可危。

恰在此时，著名豪车品牌劳斯莱斯濒临破产，皮舍茨里德看到了转移矛盾的希望，开始筹划收购劳斯莱斯公司。不过，盯上劳斯莱斯的还有大众汽车公司。经过长时间的拉锯战，宝马取得了劳斯莱斯汽车品牌冠名权，大众则获得劳斯莱斯公司旗下的另一个著名品牌——宾利。

然而，这一举动未能挽救皮舍茨里德，罗孚危机逐渐演变为宝马公司的领导危机。这一次，宝马最大的股东匡特家族再次向董事会施压，要求公司立即对罗孚汽车项目做个了结，其中，控制宝马及其人事权的苏珊·克莱藤的态度最为坚决，她极力主张撤掉主持罗孚项目的负责人。

在这种情况下，皮舍茨里德于 1999 年被撤职，接替他的是公司新秀约阿希姆·米尔贝格。这位慕尼黑工业大学教授直到 1993 年才正式担任宝马公司的生产经理，论资历只能算是新手，所以他的上任备受争议。然而，在匡特家族和宝马曾经的功臣冯·金海姆看来，米尔贝格是最具潜力的优秀人才。后来的事实也印证了匡特家族和金海姆的精准眼光，因为在米尔贝格任职的三年内，宝马股价翻了一倍。他所推行的产品多样化战略大获成功，从 MINI 系列到赛车再到豪华轿车，宝马推出了 20 余种新车，从而大大提高了宝马汽车的销售量。

米尔贝格就职后也试图挽救罗孚，推出的新罗孚 75 型汽车获得了市场好评。然而，罗孚汽车的命运似乎注定曲折坎坷。当希望刚刚萌芽之时，英镑汇率却在不断上调，导致外国汽车在本国市场的价格更为便宜，而宝马改造罗孚的成本却越来越高。到

1999年秋，罗孚公司只剩两条道路：关闭或者再次易主。

正当外界纷纷猜测"皮舍茨里德悲剧"是否重演时，罗孚公司的旧东家——英国凤凰财团向宝马抛出橄榄枝，双方开始商谈罗孚去向。凤凰财团有英国政府做后盾，他们不希望罗孚公司倒闭，因为倒闭会有大量工人失业，也会增加社会不稳定性。

一向果决干练的苏珊·克莱藤抓住这一机遇，力主卖掉罗孚。此后，罗孚公司被分成三部分：罗孚汽车及MG跑车被凤凰财团"领回"英国，路虎越野车被美国福特公司买走，宝马只保留MINI车系，而这一车系后来发展成为宝马的支柱产品。

虽然罗孚让宝马蒙受巨大损失，但比起1959年的经营危机就显得平静许多。在这次交易中，宝马原有品牌基本没受任何牵连。摆脱罗孚这个沉重的负担后，宝马公司以惊人的速度发展，很快便处于全球汽车行业的领先位置。

到21世纪初，宝马在美国的市场份额首次超过老对手梅赛德斯-奔驰汽车，并开始争夺奢侈轿车市场。在这些骄人成绩的背后，匡特家族虽处幕后，却始终是最大赢家。

途易以收购赢得未来

作为世界上最大的旅游服务企业之一，德国途易集团是在收购兼并中发展起来的。途易的前身是1923年在德国柏林成立的普利伊萨格公司，在进军旅游市场之前是一家综合性的大型企业集团，早年经营采矿、盐场和冶炼等业务，20世纪60年代开始实施多元化战略，将业务范围扩展至交通运输、造船、石油开采、化工等行业。1989 年，普利伊萨格公司将企业重组为煤、石油、天然气和厂房建设四个相对独立的部门，成为能源巨鳄。

然而，进入 20 世纪 90 年代，由于非铁金属和钢铁生产业务受到经济周期波动的影响，普利伊萨格集团的工业产品经营，在市场趋于饱和的情况下出现困难，由此逐渐退出钢铁、非铁金属和煤矿开采行业，将资产集中于增长空间更大的能源和建筑工程等业务，并减少传统工业产品的市场份额，从原材料和日用品生产转向服务和技术型产品。

此时，服务行业逐渐成为市场增长主角，势头强劲。到 90 年代中期，普利伊萨格集团总裁迈克尔·弗伦泽尔开始推动产业转型，重点发展旅游业，正式进军服务业市场，他坚信唯有服务业才能解决未来的长期发展问题，而他转型的策略就是大规模并购旅游业价值链上的各类企业。

在旅游业价值链上，德国企业早已有了兼并的行动，并在市场上引起了一定的反响。

1948 年成立的 Touropa 公司是第一家推出包船旅游服务的企业。1953 年创立的 Hummel Reisen 公司最先推出德国的航空旅游手册，后与 Scharnow-Reisen 合伙，又加入 Touropa 公司。

1968 年，德国四家中型旅游企业 Touropa、Scharnow-Reisen、Hummel Reisen 和 Dr. Tigges 共同组建国际旅游联盟（TUI），聚集更多财力和资源来满足变化的市场需求。Dr. Tigges 公司始于 1928 年，其以一辆带顶篷、移动厨房以及折叠式小船的万能汽车为载体的廉价旅游服务在经济危机中很受欢迎。

到 1997 年，普利伊萨格公司打响了旅游业价值转型的重要一枪。他们高调宣布收购哈帕格－劳埃德集团，由此获得已成规模的旅游零售网络、航空公司和全球物流服务业务。1998年对德国最大旅游企业途易公司的收购，让普利伊萨格公司迅速成为德国乃至欧洲最重要的旅游运营商之一，尤其是在包价度假旅游行业占有绝对优势。

普利伊萨格公司能看上途易公司也是经过了精挑细选。这家公司可谓德国旅游行业的新星，其成立第二年，顾客就突破了100万人次，德国最大的定制化航空旅游公司——国际旅游航空公司（Airtours International）和大型旅游企业——环欧旅游公司（TransEuropa-Reisen）也加盟途易公司。随后，途易又收购了观旅国际（Seetours International）等知名旅游公司以及西班牙艾比露西（Iberotel）等酒店，从此，途易公司的产品和服务更加多样化和国际化。

被普利伊萨格集团收购的途易公司，与哈帕格－劳埃德集团的旅游业务重组合并，统一到哈帕格旅游联合体之下。在之后的几年，普利伊萨格公司继续通过收购兼并手段增大旅游业务竞争力：收购德国第一旅社公司（First Reiseburo）建成德国最大的旅游零售网络；收购英国第二大包价旅游运营商汤姆森旅游集团以占领英国及北欧市场；购买奥地利著名旅游运营商之一的帆游旅行公司（Gulet Touropa Touristic）；购入法国最大的旅游运营商新界公司（Nouvelles Frontieres）股份，还在意大利、比利时、瑞士及东欧等地进行一系列股权收购和新公司创建。2000年，普利伊萨格集团旗下的哈帕格旅游联合体正式更名为途易集团，今后的主营方向确定为旅游服务。

在扩张过程中，途易集团始终坚持纵向一体化发展战略，做到从旅行社到飞机再到目的地酒店等各项旅游业务全覆盖，使消费者可以享受一站式的高品质服务。为了更充分地发挥纵向一体化的优势，途易集团还建立总部平台以实现各个分部资源合理化配置和优势互补，创建各部门顾客信息共享数据库；推出主品牌——全球途易，其涵盖途易集团旗下的旅游零售商、旅游运营商、航空公司、地接社、酒店等所有旅游品牌，以统一的标识提高途易旅游的知名度，增加对顾客的吸引力。更重要的是，通过一体化，途易集团轻松实现规模经济，既有利于其产品保持较低价格、留住客源，也有利于提高和保持航空公司和饭店的上座率。

在产品方面，途易集团积极利用互联网技术，与德国在线订票业务的领头羊 getgo.de 公司合作，创建旅游业务在线便捷订购方式。消费者只要轻轻一点鼠标，就可以一站式地预订旅游、酒店和其他相关服务。与此同时，途易根据不同层次顾客的需求，适时推出相关产品，如针对价格敏感型群体推出价格更低廉的"早期预订"活动，消费者还可以在出发八周前免费更改出行计划。

在竞争激烈的旅游市场中，提高企业品牌的知名度和辨识度至关重要。然而，在当今信息爆炸的时代，花样繁多的营销方式反而容易分散目标顾客的注意力，导致营销效果大打折扣。对此，途易集团崇尚简约，站在顾客角度制定最高效的营销策略，主要通过网络和电视进行品牌宣传。途易集团不断更新和重新设计网站，使网站内容更加实用，最大限度地介绍集团旅游产品。

此外，途易借助旗下的旅游电视（也是德国唯一一家旅游频道），对途易旅游产品进行 24 小时不间断宣传，仅这一点就足以让很多竞争对手甘拜下风。此外，途易还推出"阿波罗计划"，其创建了一个全集团信息平台，平台上汇集了途易旅游各个目的地的多种数据，包括合同数据、床位数和酒店及目的地的图片等，方便途易旅游运营商及时在线更新集团床位使用情况。

除了旅游业务,原本只是途易集团分支业务的船运和特殊物流业务也逐渐成为新的利润增长点。到2005年,特殊物流业务已经完全独立于集团运营体系,而船舶运输也成为仅次于旅游业务的第二大核心业务。和旅游一样,途易集团在运输领域也采取并购策略,尤其是对加拿大太平洋船运公司的收购,使得途易集团的船运业务从全球第13位跃居至第5位。

2023年,途易公司总营收创下历史新高,达到207亿欧元,尤其是酒店、邮轮业务利润丰厚。当全球进入数字经济的新时代,这家企业也正在策划新的转型,迎来新的丰收。

第11章

金融创新（2000—2009）

2005年，德国首次超过法国成为全球第三大服务业出口国，仅次于美国、英国。服务业逐步发展成为德国经济的支柱产业之一，而其中的金融和保险等行业不仅发展速度最快，且经营规模大、行业集中度高、本土化特色浓厚，形成了别具一格的德国金融经营模式。

在德国金融业界涌现出一批优质企业，其中以德意志银行为代表的全能型银行最为典型，它们集信贷、投资、证券、保险等金融服务于一体，充满竞争活力。在为新兴的资本密集型企业提供投资方面，这些全能型银行发挥着至关重要的作用。来自全能银行的投资，能帮助企业获得规模经济效应，相应地，全能银行的代表在企业的董事会也拥有一席之地，能深度参与企业的高层决策。

通常而言，德国的全能型银行主要通过4种渠道影响生产制造企业，发挥重要作用：首先是对大企业进行长期、重点投资，通过推动企业债券在资本市场上的发行和交易，为企业带来充沛的现金流。其次是通过债券等工具，确保银行和企业之间形成长期的金融交易关系，让企业得以依靠银行这棵金融大树茁壮成长。再次是让银行人员进入企业董事会，参与企业的战略决策，以此评估银行对企业的未来投资，并为企业提供更全面、更广袤的战略视角。最后，银行代表可以在董事会表决中发挥重要影响，阻止来自外部的收购行为，这也对成长中的企业提供了保护作用。银行甚至能反过来操纵企业的对外收购策略，让企业通过兼并迅速扩张。

德意志银行的改革旗手

跨过20世纪90年代的德意志银行，如同一条海洋巨鲨，在全球伺机窥视合胃口的猎物，1989—1997年，它先后并购摩根建富集团、金宝利集团、日本信托银行、澳大利亚基金管理公司等，金融业务经营范围不断扩大。

然而，1997年东南亚金融危机爆发，2000年下半年世界经济发展开始减速，占世界经济总量70%的美国、欧洲、日本经济同时陷入低迷，对严重依赖欧美市场的德意志银行来说无疑是一个晴天霹雳，资产收益和股东回报水平大幅度下降。如何化解危局、保持金融界领军地位成为当务之急，约瑟夫·阿克曼临危受命，作为第一位非德籍的德意志银行总裁，他为这家古老而保守的银行带来焕然一新的风气。

阿克曼1948年出生于瑞士，在圣加仑大学顺利拿到经济学和社会学双博士学位后留校任教一年，此后从象牙塔进入商界，投入瑞士信贷银行的怀抱。凭借超人的工作能力，阿克曼一路高升，42岁时担任瑞士信贷银行CEO。1996年，他被时任德意志银行CEO布罗伊尔招至麾下，担任银行投资部负责人，独立承担和拓展投资银行这项业务。

1998年，美国第八大银行、第六大资产管理机构和全球第十大资产管理机构信孚银行遭遇金融"滑铁卢"，经济嗅觉敏锐的阿克曼力劝当时的德意志银行董事长罗尔夫-恩斯特·布罗伊尔出手收购，几天后，德意志银行以102亿美元收购美国信孚银行，这项交易使德意志银行所管理的资产增加了1700亿马克。这一年，投行业务为德意志银行创造的纯利润高达40亿马克，占利润总额的60%以上。

因为这项并购，德意志银行一跃超过花旗集团和瑞士联合银行，坐上全球资产规模最大银行的宝座，并蝉联三年。收购第二年，德意志银行投行业务利润升至37亿美元，位居全球第二。

阿克曼由此获得董事会认可，成为接替布罗伊尔的不二人选，2002年正式成为德意志银行一号人物。尽管投行业务在阿克曼手中做得风生水起，但德意志银行不论是市值还是利润创造力都大不如前，永不言败的阿克曼定下一个看似不可能实现的目标：三年让利润率提升至25%。为实现目标，德意志银行实施"三步走"战略。

第一步，调整业务结构，发展新兴业务。德意志银行虽然是全能型银行，但信贷资产占总资产的一半以上，且绝大部分集中于欧美市场，区域风险可想而知。2001年，美国经济衰退的局势蔓延至欧洲，德意志银行业务经营遭受重创。阿克曼从美国请来贝齐·贾尔负责贷款风险管理，这位在摩根大通从业24年的美国人，不到20天就带领团队制定出全新的贷款方法和考核指标——基本宗旨是如果一笔贷款不能给银行带来其他业务，如股权或债务承销，就不应发放。这个建议一开始并没有得到领导层的积极响应，但在阿克曼的据理力争下得以执行。一年之后，德意志银行的信贷资产客户虽然减少了2500家，贷款总额减少了14%，但不良贷款却缩减了43%。

此外，阿克曼对业务部门进行大调整，2001年，他将以前的5个业务部门调整为企业及投资银行部、零售客户及资产管理部；2002年，零售客户及资产管理部再次重组为资产和财富管理部、零售及商业客户部。

不仅如此，阿克曼还进一步扩展投资银行与资产管理业务。为了获得新资金，他以每股 215 美元的价格卖掉慕尼黑再保险公司的股份，以 53 亿美元的价格卖掉长期持有的股票，以 10.4 亿欧元的价格将欧洲大陆 51 处房地产项目转让给黑石集团。

如此大张旗鼓地变卖"家产"自然招致不少非议，甚至有人骂阿克曼是个"败家子"。可后来的事实证明了阿克曼决策的正确性——由这些资金支持的投行业务收效明显，改变了信贷资产比重过高的格局，促使银行的收益多元化，分散了风险。

第二步，裁减冗员，压缩成本。德意志银行作为大型跨国全能型银行，机构和人员遍布全球。2000 年，德行分支机构的总数为 2287 家，正式员工 89784 人，费用开支之巨大可想而知。裁员号令一经发出，到 2004 年末，分支机构减至 1559 家，人数减至 65417 人，机构平均费用由 2000 年的 556 万欧元降至 2004 年的 441 万欧元，人均费用由 2000 年的 14 万欧元降至 2004 年的 11 万欧元。虽然招来无数诘问，但裁员效果明显，基本扭转盈利下降的状态。

作为第一位管理德意志银行的外国人，阿克曼提拔了一批外国人进入公司领导层。阿克曼认为，这样公司会"多一点德国人所没有的活力"。负责德意志银行全球市场业务的印度人安苏·贾殷、扩大董事会中负责纽约股票交易业务的美国人凯文·帕克等，都为德意志银行的发展作出了卓越贡献。为吸纳更多优秀人才，全球大部分大型银行的人才都被阿克曼"挖过墙脚"。

第三步，"由西向东"。在过去 100 多年中，无论是并购还是零售业务，德意志银行基本上没有跨出欧美版图。随着亚洲新兴市场的崛起，亚洲日渐成为全球经济增长的引擎，与持续低迷的欧美市场形成鲜明对比。拓展亚洲业务，对分散德意志银行业务区域风险、寻找新的利润增长点具有极大战略意义。

精明的阿克曼改变德意志银行的保守作风，积极开拓亚洲市场，在印度、日本、印度尼西亚等地建立广泛的业务体系，到2004年已经成为亚洲（不含日本）最大的国际债券包销商。不过，最让阿克曼感兴趣的还是中国。他多次提到，到了中国就有"回家的感觉"。这也是有渊源的，早在1872年，德意志银行就在上海建立第一家亚洲分行。2008年，德意志银行正式在中国注册法人银行。但是它在中国的竞争力与华尔街著名金融机构相比还相差甚远，要想在中国市场分得一杯羹，必须有自己的特色。

意识到这一点后，德意志银行积极开展自身发展和战略投资计划，其核心业务在中国金融市场全面展开，包括公司金融咨询、资本市场、金融交易、私人和零售银行以及资产与财富管理等业务。2006年，德意志银行入股华夏银行，于2008年和2011年两次增持股份，成为第一大股东，开展零售银行业务。德意志银行还收购中国嘉实基金管理公司30%的股份，进行资产管理业务。

2009年，德意志银行和山西证券合资组建中德证券，德意志银行拥有1/3股份。中德证券获得中国证监会批准，开展股票和债券的承销包销以及国内资本市场公司金融咨询业务。

虽然有美国银行的强势竞争，但阿克曼的诸多措施仍取得了不少成效，尤以德意志银行海外业务的扩张最为明显。德意志银行的海外营业收入所占比例从1997年的38%增至2006年的70%。2001年，德意志银行的海外客户还不足1000万，2006年猛增到1700多万。由于海外业务的扩大，公司的总盈利额随之大幅度提高，2002—2006年，净利润增长了8倍。[①]

正是因为有如此骄人的业绩，德意志银行监事会将阿克曼的任期延长到了2010年。实际上，直到2012年3月，在转投苏黎世保险集团之前，阿克曼始终在领导德意志银行延续着改革之路。

目前，德意志银行为全球排名第五的投资银行，紧跟高盛、摩根士丹利、摩根大通、瑞士银行之后，始终被穆迪评级公司、标准普尔评级公司评为为数极少的AAA银行之一。

服务中小企业的金融逻辑

进入21世纪初期，仅次于德意志银行的德国商业银行在新世纪同样面临转型问题。

1870年，德国商业银行成立于汉堡。1905年，这家银行和柏林市民银行合并后迁到柏林。二战后，又曾迁到杜塞尔多夫。

现代的德国商业银行经历了半个多世纪的发展。50年代末期，被拆解成几家小银行的德国商业银行重新聚集，并将总部设在金融中心法兰克福。成立之初，他们主要为商业银行家、私人银行家和企业家提供服务，其业务包括个人、集体的储蓄业务，也有投资业务。德国商业银行设立了不同的分行，提供如租赁、资金管理、资产投资、房地产等业务。

60年代之后，西德的"经济奇迹"也在金融界上演，随着业务的拓展，德国商业银行在国内外拥有了近900家分支机构，两

---

① 张锐. 约瑟夫·阿克曼:扛起德意志银行的革命大旗[J]. 对外经贸实务, 2009(2): 10-14.

万多名员工，成为西德的第三大商业银行，不仅经营商业与投资业务，长期为西德的对外贸易提供金融援助，还积极从事有价证券交易等业务，并将业务重点放在中短期贷款上。

德国商业银行也致力于拓展海外业务，它同时持有纽约投资银行、国际商业银行（伦敦）及荷兰阿姆斯特丹鹿特丹商业银行等多家外国金融机构股份，并在国际主要金融中心，如纽约、伦敦、巴黎、东京、香港、芝加哥等地开设分行，以便处理日常业务。

20世纪90年代之后，受世界经济增速放缓的影响，德国商业银行面临重重困境。2001年，扭转乾坤的重担落在了新任CEO克拉皮特·穆勒身上。他首先革除了德国传统的集体经营制，代之以美国的个人责任制；其次，革新董事会，将敢于谏言的英国投行专家多曼纳入董事会，另指派年富力强的马丁·波莱赛辅佐多曼，二人主持零售银行业务的优化调整；最后，精简分行机构，刺激各分行增加客户数量。

此时，德意志银行正和花旗集团、汇丰集团为抢占国际地盘忙得不可开交，德国商业银行如果凭实力参与战局显然是不明智的选择。于是穆勒将业务集中在国内市场，而且把中小型客户群定为首要目标，乘虚而入。

在拓展中小企业融资业务方面，德国商业银行不断打破传统，推陈出新，将原来面向大企业的金融产品改造成更适合中小企业需求的金融产品。为使中小企业客户享受到同大企业一样的在资本市场直接融资的便利，德国商业银行特意降低票据融资业务门槛，原本只适用于大客户和2000万欧元以上交易的票据融资，经过改革，50万到500万欧元金额的交易也能同样适用。

此外，他们还设计开发了一套针对中小企业的多银行资金管理系统，客户除了办理基础现金结算、资金管理外，还可以从中获得大量产业信息、新闻和股市行情发布等资源。

除了增加客户数量，德国商业银行还积极拓宽贷款资金来源。2003 年，德国商业银行发起一项专门针对中小企业的"积极贷款"活动，成立中小企业贷款基金，与其他银行合作为中小企业提供贷款。同时，为了减轻负担，德国商业银行尝试将中小企业融资票据以证券化方式出售，只是此举并没有达到预期效果。

2008 年，银行业贸易融资协会通过一项新协议，简化银行间分担贸易融资风险的程序，这就使得银团合作下的贸易融资成为可能，也让德国商业银行找到了另一条拓展贷款来源的捷径。他们开出一张 10 亿欧元的信用证，在银团合作框架下，其中大部分信用风险被逐一"分销"。通过这些举措，德国商业银行从贷款提供商变成贷款中间商，不仅让中小企业客户获得更多资金，也让其他银行和投资人具有更多接触中小企业、发现商机的机会。

在做好传统业务的同时，德国商业银行还通过旗下基金管理公司为中小企业提供利率、汇率风险管理及年金等特色金融产品。2001 年成立子公司养老金基金股份公司（Pensor Pensionsfonds AG），专门为中小企业提供成本更低的简化年金服务。

和中小企业的亲密接触也让德国商业银行获得不少除直接贷款以外的投行新业务。2003 年，德国商业银行专门成立了一家提供夹层融资服务的子公司，即提供资产抵押融资与股权关联融资相结合的复合融资服务，融资期限比一般银行贷款的期限要长，以解决中小企业在发展过程中面临的高负债率难题。

此外，德国商业银行还大力拓展承销业务。2005 年，以其为主承销商的肯恩公司（Conergy AG）的 IPO（首次公开募股）被评为欧洲最佳中小企业融资；2008年，它又承销多家再生能源企业的增发融资，并成为当年德国太阳能技术股份公司（SMA Solar Technology AG）的主承销银行。

通过一系列积极的业务改革，德国商业银行成功走出困局，雄风再起，多次被评为最佳中小企业银行。

2008年，正值次贷危机由美国波及全球、金融海啸爆发之际，很多银行受此影响自身难保。但凭借多年积累的声誉，德国商业银行还是逆势奋起，从德国政府救助组织手中争取到25亿欧元、从公共基金处争取到5亿欧元，用于针对中小企业的贷款支持，使得旗下的中小企业贷款业务仍然取得了增长。当年，德国商业银行的中小企业贷款总额达到460亿欧元，占到德国贸易融资市场上25%的份额。[①]

当年，德国商业银行更大的动作来自兼并。他们信心十足地在逆市中以98亿欧元的价格从安联集团手中收购德国银行三巨头之一的德累斯顿银行，成为当年欧洲规模最大的金融服务业并购案。

2008年只是开始。德国商业银行的多年努力在此后不乏回报。从2004年到2012年，这家银行已经累计新增了2万家中小企业客户。2006年开始，他们还连续3年被德国媒体评为"最佳中小企业银行"，并被家族企业组织认定为"最佳家族企业服务银行"。到2012年，德国年收入在250万欧元到2.5亿欧元之间的中小企业，有40%都在这家银行开设了账户。[②]

---

① 滕冲,曾建中.城商行发展转型路径研究:基于"十二五"时期的分析视角[M].北京:中国金融出版社,2012:40.

② 同上。

此前，德国商业银行虽然也是德国三大银行之一，但是市值还不到德意志银行的一半。并购后，他们重新对自己的竞争角色进行定位，将服务对象确定为中小企业，零售客户由此翻倍达到约1100万，而同期的德意志银行仅有970万。与此同时，德国商业银行的分支机构增至1900家，员工增至6万多人，这也意味着德国商业银行在客户和分行数量上都超过德意志银行。在资产规模上，德国商业银行也仅次于德意志银行，位列第二。

安联保险的百年传奇

保险业的历史相当久远，早在公元前2000年，穿梭于地中海的商人们已经开始实行共同海损分摊原则，海上保险渐具雏形。到19世纪，现代保险业务蓬勃发展起来，不仅包括传统的财产和人身保险，而且开拓出了生存保险、责任保险、信用保险和再保险等诸多新领域。

随着人们保险意识的增强，可供选择的保险产品种类变得五花八门，各类保险公司如雨后春笋般大量出现。对保险公司而言，其面临的市场竞争愈益激烈，如何在残酷的环境中确保公司始终立于不败之地，是公司关注的头等大事。在这方面，世界保险巨头——安联保险集团可谓个中翘楚。

始建于1890年的安联保险集团（简称安联集团），早在20世纪初就已活跃于国际保险市场，为历史上发生的很多重大灾难履行了赔付责任，如1906年美国旧金山大地震和1912年"世界工业史上的奇迹"——豪华游轮"泰坦尼克号"的沉没。当我们被电影《泰坦尼克号》中主人公杰克和露丝的生死爱情感动万分时，真正为沉没的泰坦尼克号赔付损失的是还很"年轻"的安联集团。尽管赔付金额巨大，但安联集团还是默默承担了这份责任，因为信誉是保险公司的生命。

同样，震惊全球的"9·11"恐怖袭击事件发生后，美国纽约世界贸易中心遭受重创，主承保商安联集团迅速完成数额巨大的赔付款项，累计净赔付额高达15亿欧元。尽管如此，安联集团这一年仍实现了16亿欧元的净收益，再次向世人展示了信誉至上的根本宗旨，以及强大的财务实力和专业的风险管理能力。此后，安联集团逐渐发展成为欧洲乃至世界保险业的巨鳄。另外，备受追捧的好莱坞大片，其中80%的电影票房都是由安联集团承保的。

安联集团的业务遍及所有金融领域，包括人寿险和健康险、财产险和责任险、再保险领域中的所有险种以及风险管理咨询，在全球为各类机构和个人提供资产管理服务。集团最重要的人寿险、财产险和资产管理业务广泛分布于全球70多个国家和地区，为数以千万计的客户提供服务。这些成就的取得与安联集团总裁迈克尔·迪克曼不无关系。

1954年出生的迈克尔·迪克曼在进入安联这家著名企业之前可谓"一穷二白"，他没有世界著名商学院的学历背景，只有法律与哲学专业的教育经历。迈克尔·迪克曼从德国哥廷根大学毕业后，因为酷爱旅游探险，选择了一条看似"不务正业"的道路——纵情于山水之间：乘独木舟沿非洲赞比西河而下、策马奔腾于阿根廷、勇攀世界第二高峰乔戈里峰……这些非同寻常的经历与体验被迪克曼——记录下来，整理成书。后来，迪克曼还因此成立了出版公司。

此时，安联集团未来的总裁——迈克尔·迪克曼对保险业务一无所知。他对保险的唯一认识还是在9岁时获得的。那时，迪克曼一位校友的父亲是安联集团在当地的代理人，迪克曼只是偶然间听这位大叔谈论过公司的业务。命运总是在不经意间给人们带来惊喜。33岁这年，迪克曼进入安联集团，虽然他一直声称并没有热衷于追求事业发展，只是在对的时间和地点，遇到了欣赏自己的伯乐。

刚进入公司不久，迪克曼被派到新加坡管理亚洲业务。6年后，迪克曼被派往美国，整顿危机深重的安联美国公司。1998年，凭借出色的工作能力，迪克曼升任安联保险集团董事会成员。

迪克曼上任之时，安联集团正值多事之秋。2001年，积累大量兼并经验的安联集团再出重拳，并购了德国第三大银行德累斯顿银行。然而，原本被业内盛赞的这桩大宗并购，非但没有给安联带来任何经济效益，反而将其拖入亏损的泥沼。

造成进退维谷境地的主因是人祸。时任安联集团总裁的舒尔特·诺勒及其管理团队一意孤行、骄傲自满的行事风格，致使安联在没有深入分析并购计划得失利弊的情况下，就贸然闯入完全陌生的银行业，进而导致悲剧的发生。2002年，由于德累斯顿银行的持续亏损，导致安联集团亏损12.3亿欧元。[1]

为了挽回损失，接替诺勒执掌安联集团的迪克曼，上任后烧的第一把火就是彻底清除集团管理层的乌烟瘴气。迪克曼严厉警告那些高管人员，必须完成各自的业绩目标，否则就要主动辞职，

---

[1] 郭琳. 银行保险下一步往哪走——安联集团银行保险发展经验及借鉴[J]. 金融管理与研究, 2007(3):58-62.

不然就会被立即解雇。

针对安联集团和德累斯顿银行互不兼容的问题，在迪克曼的带领下，安联集团于2003年12月实施了"3+One"计划，该计划包括加强资本实力、持续增加营业利润以及降低治理复杂性三方面措施，以此达到最终的目标（即One）——增强安联集团的可持续竞争力和远期价值。

为了实现银行和保险业务的进一步融合，提升银行与保险的协同效应，安联集团实施了银行和保险产品的交叉销售，即银行业务和保险业务不是各自独立的部分，而是相互交织、互相补充的。例如，德累斯顿银行的柜台销售员由两部分构成：一部分是银行职员，负责销售德累斯顿银行产品及安联的标准化保单；另一部分是安联集团派驻的销售人员，负责销售个性化保单。

除了具体业务的融合，安联集团对银行保险产品也进行了融合，专门为德累斯顿银行设计了独特简化的产品，降低保险产品的复杂性。同时，迪克曼还实施员工激励政策，银行员工每售出一份保单就可获得相应的佣金奖励，并与安联集团的专业保险人员工资绩效结算体制区别开来，即安联集团保险人员的收入构成为一半固定工资、一半提成收入，银行只要完成年度指标就可获得团队奖金。经过改革调整，安联集团银行保险的销售额显著提高，德累斯顿银行对安联寿险产品的销售份额升至11.4%，其非寿险产品的销售额也从2001年的490万欧元增加到2004年的5460万欧元。[①]

尽管并购德累斯顿银行的计划在初期受挫，但迪克曼并没有

[①] 李烨. 安联集团发展银行保险的模式研究[J]. 经济论坛, 2008(8):107-108.

因此终止兼并扩张战略。因为安联集团始终都是充满野心的扩张者，其对自身的定位是世界级的一流保险和金融服务公司。此后，安联集团先后持有众多大型跨国公司的股份，如西门子、拜耳、巴斯夫、宝马、梅赛德斯-奔驰、大众汽车。2008年，在纽约举办的 *Reactions* 杂志（该杂志是一本提供全球保险及再保险产业信息的领导性月刊）全球奖的颁奖典礼上，安联集团荣获"全球最佳保险公司"及"欧洲最佳保险公司"奖项，迪克曼获得"年度最佳保险业CEO"的个人奖项，该奖项相当于保险界的奥斯卡奖。

安联集团不仅是欧洲最大的保险公司，而且影响力早已遍布全球——集团70%的保费来自德国之外的地区。2018年，安联（中国）保险控股有限公司获得批准，成为中国首家外资保险控股公司。全面走向世界的安联，已俨然成为世界领先的综合性保险和资产管理企业。

慕尼黑再保险的复活之路

了解慕尼黑再保险公司，先要从保险公司以及再保险公司所扮演的金融角色说起。

像安联保险集团这样的保险企业，可以为千家万户解除后顾之忧，但是即便像安联集团这样实力雄厚的保险公司也不是万能的，它的经营存在很大风险。尤其是当海啸、地震、洪涝等重特大灾害发生时，保险公司需要赔付的金额巨大，甚至于一次重大事故损失就会严重影响整个公司赔付责任的履行，进而引发连锁反应——公司信誉扫地，最终陷入经营危机。于是，再保险业务应运而生，它能够替保险公司分担部分风险，是保险公司的保险人。

再保险业务是随着保险业务的壮大而发展起来的。17世纪著名的伦敦大火使得保险公司对巨灾损失保障的需求变得迫切，由此催生再保险市场的发展壮大。19世纪中叶以后，德国、瑞士、英国、美国和法国等陆续出现了再保险公司，再保险业市场渐成气候。

1880年，卡尔·提艾姆创办了慕尼黑再保险公司，历经百年风雨，这家企业已成为世界再保险界的龙头老大，在全世界150多个国家和地区经营人寿保险和非人寿保险两大保险业务，拥有60多家分支机构。慕尼黑再保险公司以其高水准的专业知识和优质的服务为众多保险公司分担保险风险。慕尼黑再保险公司以其出色的表现，被美国标准普尔评定为AAA级，另一家美国评级公司AMBest公司也给予慕尼黑再保险集团以最高的赔偿能力评级A++。

2001年，受美国"9·11"恐怖袭击事件影响，大批保险公司付出巨额赔偿，而慕尼黑再保险集团则成了赔偿的最终接盘者。由于赔偿影响，公司股权估值下跌69%。2002年，因股票暴跌侵蚀到投资资产值，慕尼黑再保险公司出现自成立以来的首次亏损。

在这场世纪之交的危机面前，以董事长申茨勒为首的公司领导层采取积极措施，通过发行债券筹集到数十亿欧元资金，只是，这些钱仍不足以抵消股市带来的负面影响。标准普尔将慕尼黑再保险集团的评级下调两档，他们认为慕尼黑再保险集团未来的发展可能会出现问题。

值得庆幸的是，与危机重重的资本市场不同，慕尼黑再保险集团的核心业务并未受到影响，运转依然良好。不过慕尼黑再保险集团在股市所遭受的巨大冲击还是导致集团董事会人员进行大调整。2003年，担任集团总裁达12年之久的申茨勒宣布辞职，他在任职期间功绩卓越，曾收购美国第三大再保险公司——美洲再保险公司，购买德国裕宝联合银行（即巴伐利亚联合银行）1/4的股权，并在集团核心业务——再保险业务之外，广泛拓展直接保险和资产管理业务，巩固了慕尼黑再保险集团在全球再保险业务中的领军地位。

接替申茨勒成为慕尼黑再保险集团董事长的是董事会成员尼古劳斯·冯·伯姆哈特，他于1985年进入慕尼黑再保险集团，2000年晋升为集团董事会成员，并负责北欧、西欧、南欧及北美地区业务。在申茨勒辞职后不久，投资关系主任克莱门特·布斯（曾是集团总裁的热门人选）也在指责声中离开，接替他的是金融部主任施耐德和董事长尼古劳斯·冯·伯姆哈特。

这一人事变动引起外界猜测，有人分析布斯的离去代表公司全球扩张战略收缩；也有人看好施耐德和伯姆哈特组合，认为他们可以增强公司管理高层同投资者之间的联系，将给公司带来生机。

不论是受外部环境还是内部人事变动因素的影响，慕尼黑再保险集团的经营业绩开始逐步提升，根据2004年的年中报告显示，慕尼黑再保险集团2004年上半年的收益高达11.62亿欧元。其中，慕尼黑再保险集团第一财政季度实现净利润5.34亿欧元，而上年同期却是净亏损5.57亿欧元。[1] 这种稳定发展的良好态势得益于

---

[1] 张颖. 三大保险巨擘"中考"成绩喜人（中报解读）[EB/OL].(2004-09-01)[2024-10-30]. http://finance.sina.com.cn/roll/20040901/0229990201.shtml?from=wap

集团核心业务——再保险业务的顺利开展、良好的投资收益以及减持安联保险股票（慕尼黑再保险公司所持股份降为10%左右）。

为进一步挽回慕尼黑再保险在股市中的损失，伯姆哈特及其管理团队开始有计划地减持非核心资产股权，并减持与安联保险集团的相互持股股份。2005年，为了提高标准普尔对慕尼黑再保险集团的评级，慕尼黑再保险集团以4.74亿美元的价格抛售手中持有的400万股安联股票。不过，此次抛售的股票仅占其所持安联股票的1%，并未对股价产生严重威胁。

与此同时，慕尼黑再保险盯上了新的商业机会——奥运会。

此时，奥运会已经成为全球最受瞩目的体育盛会，但风光背后却是风险，每一届奥运会的主办国实际上都不得不面临各种亏损的可能性，保险公司往往没有足够的实力承担数额巨大的保险，急需再保险公司分保。

慕尼黑再保险集团主动抓住这一机遇，为第二次世界大战后举办的所有奥运会提供再保险支持，主要承担最具挑战性的电视转播权方面的再保险业务，以此提升集团名气，拉拢更多客户。

对于奥运会这样的竞技体育大型赛事，电视转播权的收入是最主要的财政收入来源，也占据了组委会收入的很大比重。但电视转播者同样具有风险。在转播过程中，如果赛场进行临时调整，电视台就需要重新部署，所有笨重的电视转播设备就必须在短时间内转移到另一地点。有时候，在同一地点举办的赛事调整到多个地点，一些项目的电视转播就不得不取消，电视台还要为此赔偿广告商。为了更好地帮助电视台管理这些财务风险，德国保险市场出现了电视转播保险，而慕尼黑再保险集团则负责对这些保险进行再次承保。

此外，慕尼黑再保险集团还为众多投资数额大、风险系数高的项目提供再保险服务，如铁路、公路和航空等现代交通系统的建设，以及人造卫星等高科技通信设备的制造与发射。因为这些项目投入资金大，赔付风险并非一家保险公司就能承担得起，这就需要再保险公司帮助其分担风险。

虽然曾在泥沼中艰难前行过一段时间，但慕尼黑再保险公司积极调整以应对危机，实现核心与非核心业务的双增长。同时，他们还积极应对时势变化，不断从新行业中寻找新的商机，如近几年为风头正盛的新能源行业提供全方位保险解决方案。2011年，慕尼黑再保险集团与中国平安财产保险股份有限公司签订合作协议，共同为中国可再生能源行业提供全方位保险解决方案，是中国市场上首个针对再生能源企业的保险解决方案。

2015年，浙江正泰太阳能科技有限公司与慕尼黑再保险集团续约，浙江正泰公司为其在中国和德国生产的晶硅组件提供25年的线性功率质保，保证公司产品第一年的实际功率不低于出厂功率的97%，以后每年的功率衰减不高于0.7%。而慕尼黑再保险公司将为没有达到承诺功率的组件提供额外的财务保障。

轻舟已过万重山，在改革与转型中，慕尼黑再保险集团以其专业化、多样化的服务和持续创新，在全球再保险市场中占据领先地位。

第12章

新工业革命（2010—2024）

2008年的全球金融危机以及2009年底开始的欧洲主权债务危机,使欧洲经济遭受重创,各国经济陆续进入调整和过渡时期。德国却一枝独秀,经济保持坚挺。在全球经济衰退的背景下,德国实现经济增长的主要动力来自其基础产业——制造业,"德国制造"已经成为一种品牌、一种标准、一种精神。

与此同时,德国制造业也乘上了世界信息技术革命的东风。从20世纪80年代开始的信息技术革命,给我们的生活和工作带来了根本性的变革,从台式计算机到个人电脑再到智能设备,尤其是云计算技术出现以后,实体物理世界与虚拟网络世界正在通过信息物理系统(CPS)进行融合。此外,2012年推出的新互联网协议IPv6,解决了互联网发展即将面临的地址不足问题,为智能对象之间通过互联网大范围直接互联提供了充足空间。

IT技术的出现和发展,为资源、信息、物品和人进行互联提供了现实可能性,物联网和服务的出现也就顺理成章。在这种情况下,德国人率先意识到,制造业如果再按照传统方式运营和生产,显然不能适应市场、客户以及技术发展的需要。将互联网及IT技术用于传统工业和制造业已成为企业转型的必由之路。

从外部环境看,在全球制造业竞争加剧的背景下,尽管德国因其强大的制造业而表现良好,但也感到了产业空心化和传统制造业向外转移的威胁,如何继续保持德国制造业的竞争力成为德国制造业面临的迫切问题。

面对诸多挑战,德国人再次发扬创新和创造精神,由德国产、学、研各界共同努力,以提高德国工业竞争力为主要目标,将传统制造工业与物联网和服务进行融合,在全球率先推行人机一体化的智能生产战略,开启工业4.0时代。

博世：工业4.0领军者

2011年，在汉诺威工业博览会上，德国人工智能研究中心的沃尔夫冈·瓦尔斯特教授首先提出了工业4.0概念。随后，这一概念逐步受到了全球广泛关注，这在很大程度上要归功于德国博世集团所进行的开创性突破。

博世集团提出的工业4.0战略主旨在于充分利用信息通信技术、信息物理系统的结合，推动制造业向智能化转型。例如，制造业企业利用互联网技术，以传感器、智能控制系统、通信设施等工具，尽可能地将设备、生产线、企业、供应商、客户和产品原材料等进行紧密连接。在这一目标指导下，从2012年开始，博世充分认识到工业4.0的潜能，并通过不断投入、改造，成为其中的先驱者。

步入博世设立在洪堡的物流中心，繁忙的景象立即映入眼帘：组成汽车发动机的零部件堆成"大厦"，当信号灯亮起，"大厦"下方会输送出一盒零件，传送带将它们依次送往人工处理的终端。

在那里，工人们每拿出一盒零件，就会将一张对应的纸条夹入长方形塑料夹里，再将塑料夹粘贴到盒子上。做完这些后，带着夹子的零件盒重新有条不紊地站上了输送带，它们被一起运送到出厂的货运出口。

从货运出口离开物流中心后，零件们会共同前往装配工厂，那里的零部件货架如同超市般整齐有序，等待装配线的随时召唤……

博世洪堡物流中心安静有序运转的背后，是强大而独特的工业4.0技术系统的支持，这家中心也因此获得了2014年德国汽车工业协会颁发的物流奖。

在洪堡，每个零部件都得到了"特殊待遇"：工人们为盒子贴上的小纸条名为射频识别码。通过射频识别技术的运用，它们获得了独一无二的"身份证"。从运输到生产的每个环节，机器设备上的读卡器都会自动检查其"身份证"，然后决定是"放行"还是"归类"。例如，当一盒零件被工人从传送带上取下，放入运货卡车后，卡车内的读卡器会自动扫描零件上的射频识别码，并将产品即将发货的信息通过移动互联网送到数千米之外的装配工厂。

零件进入工厂的货架之后，装配工人只要将它们端上生产装配线，供应商和物流中心就会收到实时消耗数据，并以此判断是否该补货了。

除了射频码之外，博世还率先应用了其他为产品发放"身份证"的方式，包括条形码、二维码、传感器等。有了不同的选择，物流中心就能根据零部件使用数量和功能的不同，分别赋予它们各自不同的"身份证"。其中，条形码和二维码的优势在于人工识别快、方便近距离扫描，但缺点是容易受到液体的侵蚀和破坏。相比之下，射频码能穿透介质进行快速扫描，受环境影响不大，但成本相对较高。

以柴油发动机上的喷油器为例，这种机器由两种零部件构成，分别来自不同的供应商。于是两个零部件会被印上各不相同的二维码，以便工人在使用中进行可视化管理。如果这两种零部件被分别装盒，则还会在每一个盒身上加上射频识别码，以便机器迅速识别和放行。

在采用自动识别系统之前，这家物流中心的工人们需要全手动扫描零部件并人工识别，再将识别结果输入电脑数据库，步骤烦琐、出错率高。博世为洪堡物流中心投入了数十万欧元进行改造后，使库存减少了近1/3，配送和生产效率也提高了10%，博世从中获得的节约收益资金高达数千万欧元。因此而获得的信息透明优势，更是为企业带来了长远的价值。

在射频识别技术的帮助下，博世的物流链真正实现了自动化，提高了整体效率。但博世并不是简单地将"自动化"等同于"无人化"。在这家企业，不少装配生产流程都开设了两种生产线，一种是全自动化的生产装配线，另一种则由工人和机器人"混合"工作。如果仅看生产组装速度，前者要比后者稍高，但在最精细的环节，人工参与反而能降低出错率。

对工业4.0的趋势，博世有自己的看法。他们认为，发展智能化、自动化技术系统，目的并非单纯减少人力，而是有效提高生产效率。人类应该在工业4.0系统中成为最灵活的力量，扮演关键角色。人力应该成为更宝贵的资源，成为用到刀刃上的好钢。

为了创建更大规模的工业4.0体系，从2014年开始，博世着手将旗下不同生产线连接到同一网络管理系统内。这个管理系统犹如一张巨大的网，覆盖了博世在全世界8个国家的数十条生产线。系统不断搜集大量的生产数据，在后台进行科学精准的分析，以此支持所有生产线持续不断地进行标准化生产。

每天，博世遍布全球的生产线会将生产数据上传到网络管理系统；生产部门主要管理者会根据系统分析后的结果，将处理方案发送给生产线当地的技术主管。例如，某条生产线的速度异常减慢、某条生产线出现了疑似故障等，再由当地技术主管分头予以解决。主管会将相关信息通过平板电脑或者其他互联网智能设备发送给操作员工，由一线操作员工在生产线管理系统上进行纠错。纠错之后的结果也会实时重新传递到博世的网络管理系统上。

通常而言，生产线并不会出现大问题，操作员工在管理系统指导下纠错也不会影响整条生产线正常工作。但如果出现了现场操作员工无法解决的故障，博世也有解决方案。他们会借助管理系统支持的视频传输等远程通信手段，由更为资深的专家对当地员工进行指导。相比过去的山高水远，遍布全球的专家成员如今足不出户，就能发挥聪明才智，解决遥远的技术问题。

对于那些没有出错的生产线，管理系统会根据已经搜集到的信息，重新安排下一阶段的工作，将任务分配到不同环节，并提示需要注意哪些可能出现的问题，以确保生产产品的效率和质量。毕竟，任何会影响生产结果的微小因素，在放大之后都可能造成数百万欧元的收益或损失。

即便生产线没有出错，设备的定时维护也是必需的。面对既快又好的维护需求，博世将射频识别、数据管理技术充分结合，形成了新的解决方案。

伊门斯塔特工厂是博世集团旗下的重要企业，主要生产汽车刹车系统、燃油供给系统，为工厂所在地提供了数千个就业岗位。这家工厂的生产线设备经常需要面临高温考验，而这可能会对生产设备造成严重损失，需要经常进行维护。为了降低成本、避免浪费，博世为每台机器设备都安装上了射频识别码作为"身份证"，并将"身份证"上的信息储存到生产执行系统，让企业内部和集团总部可以充分共享这些数据信息。这些信息不仅包括设备的型号、编码、工作历史，也包括设备当下的运作情况、维保记录和预期寿命等。根据需要，集团会通过管理系统不断发布指令，要求对机器进行维修保养。由于数字信息分配系统高度精准，所有设备都能进行轮换保养和维护，不会出现由于机器维护而被迫停产的局面，确保最大限度地提高生产效率。

2020年以来，德国博世公司的工业创新聚焦于汽车与智能交通、工业技术、消费品三方面。

在汽车与智能交通领域，博世公司不仅致力于提升传统汽车的性能与安全性，还积极投身于新能源汽车的研发与推广。其创新的电池技术、电机控制系统以及自动驾驶解决方案，正引领着汽车行业向更加绿色、智能的方向发展。

在工业技术方面，博世公司凭借其在传感器、控制系统以及工业自动化方面的深厚积累，为全球众多制造业企业提供了高效、可靠的解决方案。这些方案不仅提升了生产效率，还降低了能耗和排放，助力企业实现可持续发展。

在消费品领域，博世公司同样凭借其高品质的产品和卓越的服务，赢得了消费者的广泛认可。

展望未来，博世不仅自身迈入工业4.0时代，还在引领内外部客户迈入其中。从2014年到2023年，博世集团的工业4.0业绩销售额已经突破了40亿欧元。仅2020年，这家企业的工业互联解决方案销售额就超过了7亿欧元。博世正在既往的成功经验上，努力打造灵活、高效、可持续发展的"新工厂"。

德国电信：抢占云计算和智能化高地

随着工业 4.0 的推进，网络化与数字化的市场需求必然越来越大，德国电信公司看到这一市场空间，加快了业务转型升级的速度。

在工业 4.0 时代，网络的发展程度会直接影响其他行业的发展速度。德国制造业要想快速步入智能生产阶段，一个关键因素就是构建遍布全国、涵盖所有行业、大中小企业全体参与的高速互联网络。这对德国电信公司来说，既是机遇又是挑战。

为使公司从以语音为基础的电信服务转向数据业务新领域，2010 年，德国电信推出"修正—转型—创新"的新型发展战略。"修正"是指将增强移动数据业务作为重点，保证网络基础设施和业务的强劲性及稳定性；"转型"即全面改革公司业务，重新调整在德国中小企业的销售处和 IT 办事处，在全国推广 LTE 网络（俗称 3.9G，它具有 100Mbps 的数据下载能力，被视为从 3G 向 4G 演进的主流技术），建立千兆社会；"创新"就是通过各种屏幕实现生活互联，通过应用交付加速方案实现工作互联，确保网上商业交易的安全性。在新战略下，德国电信加速升级网络，并将云计算和智能网络作为转型发展的侧重点。

在新战略指导下，移动数据业务成为拉动德国电信收入增长的主动力。2010 年上半年，移动数据业务收入同比增长 27.9%。[1] 德国电信获得 800MHz 频段，大大推动了德国农村地区 LTE 网络

---

[1] 李丹. 德国电信：智能网络创造新机遇[J]. 通信世界，2011(7):15.

的扩展，同时在高速移动宽带业务上取得了实质性突破。

针对网络升级业务，德国电信在欧洲推出 HSPA+（High-Speed Packet Access），即增强型高速分组接入技术，它的速度比 3G 网络更快、性能更好、技术更先进、网络更稳定。此外，德国电信在罗马尼亚和匈牙利推出了移动、宽带、电视和固网语音的四重捆绑业务。

作为改革的重中之重，德国电信将 IT 部门 T-Systems 改造成一个云计算的国际供应商。2010 年 1 月，德国电信在德国建立新的云计算中心。该中心成为德国最大的高安全性数据中心之一，主要面向企业的核心 IT 部门，帮助跨国企业提高全球管理效率。德国电信还通过私有云平台为企业提供技术和运营支持，帮助他们掌握海外数据的最新情况。

作为一种虚拟的计算能力，云计算能将整个德国电信的计算能力借助互联网提供给企业使用。企业领导者不需要去考虑计算能力的根源究竟设置在哪里，无论是在柏林、慕尼黑还是欧洲其他地区，甚至是在北京，它们都能通过德国电信覆盖广泛的网络设施，将计算能力汇总后提供给德国当地企业使用。

随着逐渐成长为全球领先的云计算服务供应商，T-Systems 还利用其全球性的数据中心和网络基础设施，为许多公司和公共机构搭建智能系统。其中，比较成功的一个案例就是与德国著名的克拉斯·莱斯康农机公司的合作。

T-systems 在克拉斯·莱斯康农机公司的收割机、运输车辆和谷仓内安装了大量传感器。借助德国电信 LTE 网络，传感器收集收割数据，并实时上传至后台系统，进行数据保存。传统农用机械与网络融合，摇身一变成为高精尖的智能机器。

T-systems 为克拉斯·莱斯康农机公司安装的应用软件能够全程监控运输车辆和谷仓储存情况，有效降低了运输车辆空驶率及各运输车辆间的交接等候时间。在这一过程中，T-Systems 的主要贡献是通过引入传感器与模型算法，提出运输调度规划的最佳方案，将有限资源的价值发挥至最大。

经过智能化改造，农用机械的司机也不再是从事收割驾驶工作的简单体力劳动者。他们开始担负决策责任，成为现场指挥者。因为这些司机可以根据收到的最新气象信息，变换调整收割运输系统的工作模式。如果遇到晴朗天气，他们就选择最能降低成本的作业模式，降低车辆空驶率。一旦遇到恶劣天气，司机们则可选择加速作业模式，争取在最短时间内完成更多工作。

除工业智能化外，家庭智能化市场同样是一个增长势头强劲的新兴市场。在不远的未来，家庭所使用的智能终端设备必将大幅度增加，而且民众对各类家庭智能业务会有浓厚兴趣，这就意味着巨大的消费潜力。

基于判断和对市场的信心，德国电信还将提升网络速度、扩大 5G 覆盖作为公司未来发展的重点项目之一，并从 2021 年开始，重点推广这一业务。

虽然看好智能家庭市场的发展潜力，但是，德国电信并没有投身到具体业务的运营中去，因为这并不是电信运营商的优势所在。德国电信采取组建智能家庭业务平台"Qivicon"的经营模式：由德国电信联合各领域的顶尖公司，构建了一个 B2B（企业对企业以电子商务的方式进行交易的模式）联盟，为德国消费者提供智能家庭业务多供应商解决方案。目前，联盟公司由德国公用事业公司、德国易昂电力集团、德国 eQ-3 电子公司、德国梅洛家电公司、韩国三星公司及一些音乐、移动互联网公司组成。

在这一平台上，由联盟公司负责所有零售功能，包括客户营销和客户支持等业务。德国电信提供的是后端解决方案，即向家庭用户提供智能客户控制终端，向合作商提供应用集成软件开发维护平台、提供门户网站宣传厂家的解决方案。如有需要，德国电信还可为合作商提供客户安装、小额支付等服务。

德国电信通过"Qivicon"平台汇集了一系列著名、强大的公司，创建了一个强大的消费品牌，涉及家庭宽带、移动、娱乐、消费云以及各类电子电器应用服务。由于"Qivicon"平台具有良好的信誉，操作简便，能够提供大量行之有效的解决方案，因而客户量迅速增加。对于联盟公司而言，"Qivicon"平台是一个接触客户的良好平台，有助于企业运营效率的提升。

德国电信不仅在技术研发、网络优化等方面取得了显著成果，还在工业应用领域展现了其强大的创新能力。

2021年开始，德国电信积极投身于物联网技术的研发和应用，为工业4.0提供了强大的技术支撑。通过构建高效、稳定的物联网网络，德国电信实现了工厂内部各种设备和机器之间的无缝连接，使得生产过程中的数据能够实时、准确地传输到云端进行处理和分析。这不仅提高了生产效率，还使得生产过程更加透明、可控，为企业的决策提供了有力支持。

此外，德国电信还致力于云计算和大数据技术的研发和应用。通过构建云计算平台，德国电信为企业提供了强大的数据存储和计算能力，使得企业能够更好地管理和利用生产过程中的庞大数据量。同时，德国电信还通过大数据分析技术，帮助企业挖掘生产过程中的关键指标和瓶颈，优化生产计划，提高生产效率和资源利用率。

2022年后，德国电信加快与众多企业合作的步伐，共同推动工业4.0的落地实施。通过与制造企业合作，德国电信为其提供定制化的解决方案，帮助企业实现生产过程的智能化、自动化和数字化。这些解决方案不仅提高了企业的生产效率，还降低了生产成本，为企业带来了可观的经济效益。

德国电信公司通过云计算和智能化系统的搭建、管理和运营服务，改变了德国传统制造业的面貌，也提升了千家万户的消费体验。

西门子引领智能制造

发展历史悠久的电气巨头西门子公司，是积极响应德国工业4.0的核心企业之一。它依靠技术创新，围绕客户需求的变化，建设多条智能生产线，为工业4.0的推进提供软件和硬件支持。

西门子公司自成立100多年以来，一直在电气电子领域独占鳌头。之所以会有如此强大的生命力，是因为西门子公司始终坚持创新，始终走在时代的前列。在全球信息高速发展、竞争愈发激烈的今天，西门子公司紧紧抓住时代机遇，集中力量，扩大公司在工业信息技术和工业软件领域的创新领导地位，再次引领第四次工业革命，打造未来"梦工厂"。

西门子公司管理委员会成员兼西门子工业业务领域CEO鲁思沃认为，要实现"工业4.0"虽然还有很长的路要走，但西门子公司已为实现这一目标制订了"工业4.0"行动计划，包括三个方面：

加快数字化企业平台的研发；开发可无缝连接、企业资源规划和自动化生产环节的制造运行管理系统；继续在所有生产制造设备上推行即插即用的灵活组合理念，为实现高度自动化及驱动解决方案提供支持。

西门子安贝格电子制造厂（简称EWA），是德国工业4.0的模范工厂，它拥有欧洲最先进的数字化生产平台，主要生产可编程逻辑控制器和其他工业自动化产品。

走进该工厂，根本看不到一般制造工厂中众多工人忙碌的身影。1万平方米的车间里，仅有为数不多的工人在有条不紊地工作。他们身穿蓝色工作制服，三三两两站在一尘不染的车间内。在他们面前，灰蓝色的机柜整齐地排列；显示器在其间闪烁着，不时地将数据流上传或下载。可以毫不夸张地说，它将曾经只在科幻电影中出现的虚拟工厂带到了现实世界。

在这里，属于西门子公司的"工业革命"拉开了大幕。到2014年，这家工厂约有3/4的生产过程已经完全由机器完成，包括物料配送、数据收集和数据整理等。

为了更快速有效地收集到生产数据，安贝格工厂绝大部分元器件都有自己的身份编码，其中存有产品材质、生产流程和数据等信息，方便查询。工厂所有设备都有扫描器和读码器，经过记录和读取数据，机器会制定相应的执行动作和工序。更重要的是，在一条流水线上，可通过预先设置部分控制程序，自动装配不同元件。这样，在流水线上也能生产出不同特性的产品。

当原材料出现问题时，机器通过研发系统输入指令，指令下发到工厂控制层，进而发到所有生产线。当扫描到有问题的零件时，就会自动中止该零件进入下一道工序，并将其送出生产线，经检测工位的工人复检、修复后再送入生产线。

由于产品与机器之间可以自动协作，通过信息数据控制生产过程，生产效率得到大幅度提高。工厂每年生产元件 30 亿个，每秒钟可生产一个产品，可做到 24 小时内为客户供货。[①]产品数量攀升，工人工作量却大大减少，需要人工处理的仅是数据检测和记录。此外，由于生产线实现了实时监测，支持人工同步分析质量数据，使得产品次品率骤减。

尽管安贝格工厂外表低调，但早已实现了从研发设计、现场管理到生产配送的全程数字化。这家工厂不仅能与宝马总部通过移动互联网进行实时联系，还能凭借先进的信息技术和远在大洋彼岸的美国研发中心进行实时大数据传送，实际上，西门子公司不仅在硬件制造方面占据领先地位，在软件领域同样具有强大实力。公司推出的产品生命周期管理软件（PLM），成为西门子公司迈向工业 4.0 的标志。PLM 软件涉及产品设计、生产规划、生产工程、生产实施和生产服务五项内容。

以产品设计和生产规划环节为例，使用 PLM 软件，可以在没有实物的情况下，通过仿真软件在计算机上模拟出高精度装置所需环境。2012 年，美国国家航空航天局将西门子公司 PLM 软件 NX 应用于火星探测器的研发和制造，通过高精度仿真及虚拟装配，在地球上就实现了探测器组件及其接口的测试。

将 PLM 软件与企业自动化软件相结合，改造原有生产线，可大幅度缩短产品上市时间。德国大众汽车在改造一条使用了 17 年的冲压生产线时，利用西门子 PLM 软件模拟现存机器及设备，并

---

① 陈昕雨.工业 4.0:德国国家战略欧洲复兴法宝[N].中国证券报，2014-12-17.

配合可用于现实操作中的运动控制软件,成功完成冲压生产线改造,在提高生产力的同时,大大降低了生产耗能。

随着智能化生产的推进,大量企业将面临前所未有的信息安全挑战,包括广泛的网络威胁和攻击。一般企业缺少有效应对信息安全的必要资源,而且无从获得全球范围内的安全威胁情报以便有预见性地采取防御措施。

针对这一市场需求,从2011年起,西门子公司与美国迈克菲公司(防毒软件制作公司)进行深入合作,充分利用各自强大的信息安全产品,进一步强化工业信息安全产品线,为其他企业提供抵御网络风险的服务。其包括防火墙、安全信息与事件管理、终端安全和全球安全威胁情报在内的专业服务,为工厂信息安全添加了多重防护屏障,让安全管理变得简捷易行,也降低了知识产权被盗的风险。

汽车工业一直是德国的支柱产业之一,在这场颠覆性的工业革命中,汽车生产线的智能化改造也是革命的重头戏。在2024年德国汉诺威工业博览会上,西门子公司推出了首款面向工程领域的生成式人工智能产品。这款产品能自动进行编程,并由一款机械手臂按照编程结果进行操作演示。通过类似产品,西门子公司能助力汽车工程师优化工程设计,提高质量和生产效率。

在西门子公司的愿景中,工厂将不再是由大型机器设备组装而成的机械王国,而是能将物理世界和数字世界相互融合的科技灵境。产品和产品之间、产品和机器之间、机器和人之间都能通过高效通信相互联系,让生产流程得到充分优化。这样,西门子公司将能获得传统制造企业无法企及的竞争优势,它包括定制化和灵活性,也包括低成本和高绩效。

2020年后，西门子公司加快了迎接工业4.0时代的步伐。西门子公司不断开发先进的传感器、数据分析工具和云计算平台，帮助企业实现设备监控、预测性维护和智能生产。在此基础上，西门子公司积极与各行业的企业合作，共同推动数字化转型。通过与不同行业的合作伙伴共同研发解决方案，西门子公司能够更好地理解各行业的需求，提供更贴近实际的解决方案。

近年来，西门子公司更是在全球范围内建设了一系列智能制造示范项目，展示工业4.0的应用效果。这些项目不仅提升了生产效率，还降低了能耗和排放，为可持续发展作出了贡献。此外，西门子公司非常重视工业4.0相关人才的培养和知识普及工作。通过与教育机构合作、举办培训课程和研讨会等方式，西门子公司帮助更多人了解工业4.0的理念和技术，培养了一支具备数字化技能的人才队伍。

随着全世界高端制造业竞争加剧，西门子公司朝向工业4.0高地的脚步节奏也越发加快。这家企业正在消除一个又一个信息壁垒，为其百年光辉历史书写新的篇章。

库卡机器人，书写中德情缘

德国统一后，国内面临经济整合的急切需求。较高的国民技术水平为科技兴国创造了条件，为机器人产业在德国的发展和应用奠定了良好基础。2006年，德国工业机器人的总量就已排到世界第二位，其主要被推广应用于电子、汽车、冶金和纺织等产业。

2013年开始，智能科技与传统制造业务进一步融合，机器人受到越来越多的德国企业欢迎。此时，有关机器人应用的新理念被广为接受，即工业4.0的核心仍然是人。机器人能让人、机器和企业的关系变得更为融洽，有助于构建环保而舒适的企业生产环境。

在此过程中，库卡（KUKA）机器人有限公司（以下简称库卡公司）作出了重要贡献。

库卡公司成立于1898年，最初建立于德国巴伐利亚州奥格斯堡。公司的名字来自Keller und Knappich Augsburg四个单词首字母的组合。当时，约翰·科勒尔（Johann Josef Keller）和雅各布·克纳皮歇（Jakob Knappich）共同创建了一家乙炔气厂，进而能以低成本生产各类公共、家用和汽车照明设备。

好光景没过几年，电灯出现了，乙炔气灯面临退出历史舞台的窘境。为了生存和发展，公司在原有基础上发明了全新的气焊技术，并在该领域树立起新标准。进入20世纪20年代，库卡公司将焊接、切削加工等技术应用于其他生产领域，包括车用大型容器、车身等，成为当时欧洲市政公用车领域的先进品牌。到1939年，库卡公司率先生产出德国第一台电阻电焊设备。

此后，库卡公司和其他德国企业一样度过了艰难的二战岁月，也赶上了战后日新月异的繁荣发展。战后，他们先后兼并了多家制造企业，除了焊接设备和大型容器，也扩大了其他的产品类型。1949年，库卡公司推出了一款迷你打字机，名为"公主"（Princess），其底部尺寸约为30厘米×27厘米，采用全金属外壳，并配备了小手提皮箱，便于人们随身携带工作。在个人电脑尚未诞生的年代，能拥有这样的打字机，是欧洲社会职业精英的梦想。库卡公司也凭借这款畅销的精密机械产品而声名大噪。同时，他们也没有忘记进军工业领域,推出了"选择"(Selecta)牌圆形针织机,帮助纺织制造企业提升生产效率。

从20世纪50年代开始,库卡公司的业绩突飞猛进。他们推出了冰箱和洗衣机自动焊接设备、汽车制造多点焊接流水线,并开发了摩擦焊接、短时焊接等新型技术。

1971年,库卡公司迎来了重要时刻。他们为戴姆勒-奔驰公司建造了由机器人运行的焊接流水线,库卡工业机器人就此诞生了。两年后,库卡公司为全世界带来第一台拥有六机电驱动轴的工业机器人,并凭借这一重大创新被载入史册。在随后的半个世纪内,从德国到全欧洲,库卡工业机器人在自动化市场上的占有率始终处于领先地位。

最初,库卡公司专注于研发以专用系统运行的机器人。到20世纪90年代中期,库卡公司意识到必须通过转型来强化自身优势,他们率先为机器人引入了工业电脑操作系统,并很快过渡到基于视窗(Windows)操作系统来控制机器人。如此不断的更新换代,让机器人产品更加适应时代特征,符合客户需求,并奠定了库卡公司在同行中的领先地位,使其成为全球机器人四大家族之一[1]。

在库卡公司总部大楼的展示厅,雪白的展示墙下,明亮的灯光凸显出一台台工业机器人的挺拔身姿。它们的手臂反射出冰冷的金属光泽,似乎让人们走进了属于未来的科技时代。当它们被广泛应用在宝马、大众等生产线上时,又仿佛被科技的魔法棒激活了生命一般,有条不紊地忙碌着。与传统加工制造流程相比,库卡机器人能满足更多精准需求。无论是物料搬运、堆垛,还是

---

[1] 另三家为瑞士ABB公司、日本发那科公司、日本安川电机公司。

金属焊接、加工，它们都能从容应对。

从 21 世纪开始，库卡公司生产的机器人不仅涉足医疗、农业等行业，甚至还会打乒乓球。2014 年，其中一台机器人与德国世界乒乓球冠军波尔举行了一场扣人心弦的"人机大战"，最终赛果为 11∶9，机器人获胜。

2014 年开始，库卡公司推出了协作机器人系列产品。这款机器人与传统工业机器人不同，它们能在不设置防护栏的情况下，直接和工人一起工作。库卡公司为机器人设置了传感器，以确保它们不会伤害和妨碍人类。由于这一特点，协作机器人能轻松地从一个工作点位移动到下一工作点位，能执行人类看来单调、吃力的安装工作。正是在这类机器人的支持下，奔驰、宝马、大众、西门子、奥迪等企业才得以拥抱工业 4.0 的朝阳。放眼全球，福特、特斯拉的生产线上，库卡机器人也无处不在。

库卡公司是最早向中国出口机器人的跨国企业，双方情缘开始于 1998 年。这一年，位于长春的奥迪公司汽车厂购买了一批库卡机器人。不久后，库卡公司在中国开设了多个自营分公司和生产基地。

2016 年 5 月，我国美的集团宣布对库卡公司的收购意向。最初，德国社会舆论并不支持，人们担心库卡公司的核心技术会外泄，毕竟德国人是非常看重这家高新技术企业的。但美的真诚承诺，会尽力维持库卡公司的上市企业地位、业务独立性和管理团队的稳定性，才终于赢得了德国政府和社会舆论的理解。

2017 年 1 月 6 日，美的集团正式宣布完成对库卡公司的收购。这场并购成为中德企业深度合作的经典案例。美的获得了布局机器人领域的关键资源，而库卡公司则赢得了富有潜力的中国制造业市场，双方都获得了未来发展的新动力。

2022年，美的集团完成了对库卡公司的全面收购并私有化，库卡公司开始负责美的机器人与自动化业务的具体经营。2023年，库卡公司销售收入达39亿欧元，同比增长18.6%，息税前利润为1.18亿欧元，同比增长90%，均达到历史新高。这家拥有125年历史的企业，正面向中国市场汲取崭新的活力，与比亚迪、宁德、蔚来等客户共同书写面向未来的智能制造新篇章。

库卡公司与美的集团的成功联姻，只是中德经济交往大潮中的一朵浪花。随着工业4.0革命的深入，德国已有数百家企业被中国企业并购，其中不乏在智能机器人赛道上拥有广阔发展空间的后起之秀。未来，中国智能制造与德国工业4.0革命将创造更多合作的机遇，携手为全人类奉献崭新价值。

致谢

自 2008 年专业从事财经写作以来,我在过去 16 年间阅读了大量中外企业的历史文献和企业家的传记,每次对不同企业、不同企业家按照国家、行业、时代做交叉对比研究时,总有新的收获与启发,也总有遗憾与无奈。我发现,今天国内企业所犯的错误或遭受的挫折,在数十年甚至几百年前,全球的商界巨头就已经经历,并总结出了系统而实用的"教科书"。可我们偏偏对前人用数万亿美元写下的教训熟视无睹,更糟糕的是,我发现国内还没有一套丛书系统梳理过全球商业史,对纷繁复杂、割裂模糊的全球商业变迁做过完整描述,甚至连讲述商业史的著作都很少。因此,我经常会冒出一个念头:立足当下,在中文世界,为全球商业史留下一些可供参考和研究的文字。

2011 年,我所创办的润商文化秉承"以史明道,以道润商"的使命,汇聚了一大批专家学者、财经作家、媒体精英,为标杆企业立传塑魂。我们为华润、招商局、美的、阿里巴巴、用友、卓尔、光威等数十家著名企业提供企业传记、企业家传记的创作与出版定制服务,还策划出版了全球商业史系列、世界财富家族系列、中国著名企业家传记系列等 100 多部具有影响力的图书作品。

2015 年,出于拓展企业家国际化视野、丰富中国商业文明的专业精神和时代使命,在中华工商联合出版社的策划与鼓励之下,我带着几位商业史研究者与创作者开启了"全球商业史"系列图书的创作历程。我们查阅、搜寻、核实各个国家的历史、商业史、经济史、企业史、企业家传记等资料,每天埋头于全球商业史的浩繁史料中。2017年夏天,"全球商业史"系列图书(四卷本)顺利出版,包括《财富浪潮:美国商业200年》《商权天下:日本商业500年》《铁血重生:德国商业200年》《霸道优雅:法国商业200年》,面世以后深受读者欢迎。5年之后的2022年年底,蓝狮子建议我重新策划、精准定位,启动"世界是部商业史"系列图书的修订、改写、完善工作,在美国、日本、德国、法国商业史的基础上增加英国、韩国等国家的商业史。我希望日后能将"世界是部商业史"系列图书不断丰富完善,将更多国家在商业领域的有益探索和成功经验奉献给读者。

感谢中华工商联合出版社的李红霞老师最早对这套丛书的慧眼识珠,你一如既往的鼓励和支持令我十分感动。感谢蓝狮子的陶英琪、李姗姗、杨子琪、应卓秀诸位老师,你们的严谨认真令我铭记于心、受益匪浅。感谢王晶、王健平、邢晓凤、邓玉蕊、李倩等诸位创作者,你们的才华和热情为作品锦上添花。感谢孙秋月、马越茹、刘霜、周远等老师的支持和参与,你们为作品的精彩呈现付出颇多。

为创作"世界是部商业史"系列图书,我们查阅了大量图书、杂志、报纸,以及网络文章,引用近百部企业传记、人物传记等史实资料,感谢所有图书著作和精彩报道的写作者。

整个写作过程堪称一场不知天高地厚的冒险,甚至有些勉为其难,错漏之处难以避免。但我们相信,在认真、严谨、客观的努力创作中,每本书都有精彩、闪光、值得回味的故事和道理,无论是写作还是阅读,面对浩瀚商史、全球巨擘,谦虚者总是收获更多。

一直以来,润商文化都致力于为有思想的企业提升价值,为有价值的企业传播思想。作为商业观察者、记录者、传播者,我们将聚焦更多标杆企业、行业龙头、区域领导品牌、高成长型创新公司等有价值的企业，为企业家立言，为企业立命，为中国商业立标杆。我们将不断完善"世界是部商业史"系列图书，重塑企业家精神，传播企业品牌价值，推动中国商业进步。

人们常说，选择比努力更重要，而选择的正确与否取决于认知。决定人生命运的关键选择就那么几次，大多数人不具备做出关键选择的能力，之后又要花很多代价为当初的错误选择埋单。对于创业者、管理者来说，阅读全球商业史是形成方法论、构建学习力、完成认知跃迁的最佳捷径之一，越早阅读越好。希望"世界是部商业史"系列图书能够为更多企业家、创业者、管理者提供前行的智慧和力量，为读者在喧嚣浮华的时代打开一扇希望之窗。

陈润